JN312308

英語教育21世紀叢書

パラグラフ・ライティング指導入門
―― 中高での効果的な
　　ライティング指導のために

大井恭子 ―― 編著
田畑光義・松井孝志 ―― 著

大修館書店

まえがき

　本書出版のきっかけとなったのは各地で日々英語教育に奮闘されていらっしゃる先生方による後押しだったような気がしております。オーディオリンガル・メソッドが往時の力を失ない，その代わりに現れた CLT（communicative language teaching）という教授法が喧伝され，さまざまな活動をこころみたものの，オーラル面での向上はみられたが，果たして生徒達の英語力全般は伸びているのであろうか，との疑問が先生達の胸にわいてきているようなのです。

　事実，国立教育政策研究所が実施した小・中学校教育課程実施状況調査結果（中学校・英語科）によると，他の領域に比べ，「書く」領域においては設定通過率をかなり下回る結果であると報告されています。「聞く」「読む」の領域においては，ほぼあらかじめ設定された「通過率」に到達しているものの，「書く」領域においては，1年，2年，3年とも，設定通過率より大幅に下回った結果となっています。これを受け，国立教育政策研究所は次のように改善点を述べています。

(1) 様々な話題に関してまとまった文章を書く時間を確保することが改善につながる。
(2) 話題の一貫性を意識させるとともに代名詞や接続詞を用いた文と文のつながり方などについて指導すること。
(3) 正確さだけでなく書いた量も評価の対象とすることで，書くことへの意欲を高める必要がある。

(1)と(2)は，まさしくパラグラフ・ライティングのことを指してい

ます。

　あちこちで開催される英語教員研修において,「ライティングの指導」と題して,講演やワークショップをしますと,その中で聞こえてくるのは,「パラグラフ・ライティングの必要性はわかっていたが,どのように指導していったらよいのか,その方法がわからない」「パラグラフ・ライティングのためのよい教材がほしい」という声でした。

　また,高校の先生への研修を通じて,高校のライティングにおいては,パラグラフ・ライティングやエッセイ・ライティングの指導をALTに任せきりであるという姿も見えてきました。それは,英語の先生方がこれまでご自身もこうしたライティングを経験したことがなく,それゆえその経験のあるALTに頼ってしまうということです。しかし,それは本来の姿とはいえません。日本人の先生にも自信をもってパラグラフ・ライティング,エッセイ・ライティングに取り組んでいただきたいと思います(ALTの手を借りるのは悪いことではないのですが)。そのためには,日本人英語教師のために丁寧に書かれた指南書が必要ではないかと思い,本書の出版に至りました。

　パラグラフとはいうまでもなく,英語を母語とする人々が文章を書く際の基本となる概念です。また,イギリスでもアメリカでも小学校から大学までライティングは英語科においてもっとも力を入れて教えられているものでしょう。したがって,英米で出版されているライティングの教科書はあまたあります。しかしながら,そういったいわば舶来のものをそのまま使用するのでは,学習者は真剣に取り組んでくれないでしょう。我々日本人の嗜好に合った内容で,日本的な話題を取り上げ,生徒達に親近感と現実性を抱かせ,発信を目的としたライティングによるコミュニケーションが今こそ必要とされています。本書の強みは,ここに採録

されているほとんどのライティング活動は筆者らがそれぞれ勤務する学校（大学附属中学校，公立中学校，公立・私立高校）において実際に使用し，そして改良を加えたものである，という点にあると思います。

平成20年3月に告示された新学習指導要領では，「思考力，判断力，表現力」を全科を通して養うことが求められています。本書第6章でのべていることですが，英語科においてはパラグラフ・ライティング指導こそが，この要請にこたえられる切り札となるかもしれません。「書くこと」は「考えること」と直結しています。「表現力」とはまさしく「書く」ことにほかなりません。「判断力」はパラグラフ・ライティングのそれぞれの過程（プロセス）で何度となく援用されます。この本の出版は時宜を得たものと思っています。

本書の指導理論のもとになっているのは「プロセス・アプローチ」と呼ばれる認知心理学に基づいた考え方です。これは書かれたもの（product）だけを評価する「プロダクト・アプローチ」の対極にあるもので，「書く」という過程（プロセス）全体を大事にしていく考え方です。したがって，本書ではライティングという作業は，「素材の発掘」，「アイディアの発見」，「アイディアの構成」，「文章化」，「評価」，「推敲」などという過程を行きつ戻りつして（recursive）仕上げられるという「プロセス・ライティング」の手法をとっています。「プロセス・ライティング」には，往々にして文法やミス・スペリングなどがなおざりにされるという批判があります。本書は英語を外国語として習得しようとしている日本の中高生のためのものなので，テーマに沿った便利な表現として「チャンク」を示したり，「誤答分析」のセクションも設けて，従来のライティングがはたしてきた「文法・表現」を学ぶいわゆる service activity としてのライティングの役

割も忘れてはいません。

　本書では中学校編，高等学校編と分けてはおりますが，中学校編であっても，パラグラフ・ライティングを基礎から指導したいという場合には，対象が高校生であっても十分使用に堪えるものと思います。いずれの場合でも，英語という言語が本質的に持つパラグラフ・ライティングの要諦を踏まえつつも，日本的なコンテクストに移した上で，日本人学習者にとり無理の無いように，ステップを踏んで段階的指導を提示しています。

　第3章，第4章で提示している活動はそのまま，あるいは先生方の手を加えていただいたうえで，教室ですぐにでも実践できるような体裁になっています。是非ともご活用頂きたく思います。

　本書が出来上がるまでにはたくさんの方々のお世話になりました。ことに編集部の須藤彰也氏には3人の間での原稿の整合性や執筆の進捗状況などに御気遣い頂き，またそのつど適切なご助言を頂きました。お礼申し上げます。また千葉大学教育学部外国人教師　Beverley Horne 先生にはお忙しい中，英文チェックをしていただき，大変ありがとうございました。英文のサンプルを快く提供してくれた我々著者3人の教え子たちにも，お礼を申し上げたいです。彼らが書いてくれた英文がなければこの本はできませんでした。

　本書によりパラグラフ・ライティングが日本の中学校・高校現場にもしっかりと根を下ろし，いずれ花が咲き，実を結びますことを願って「まえがき」といたします。

2008年7月

　　　　　　　　　　　　　　　　　　　　　　　　　　大井恭子

『パラグラフ・ライティング指導入門』目次

まえがき ——————————————————————— iii

第1章 高まるライティングの重要性について　3

1. 「書く活動」の意義 ——————————————— 3
2. 「音声言語」が優位なのか？ ——————————— 4
3. 入門期に乗り越えねばならない壁 ————————— 5
4. 言語習得における「書く」活動の意義 ——————— 6
5. ライティングの全体像 ————————————— 9
6. ライティングとコミュニケーション ———————— 11
7. ライティングにおけるクリティカル・シンキングと問題解決能力 ——————————————————— 13
8. ライティング産出の認知プロセスモデル ——————— 14
9. まとめ ——————————————————— 18

第2章 パラグラフ・ライティングとは何か　20

1. 英語のパラグラフの特徴 ————————————— 20
2. 英語のパラグラフの構成要素 ——————————— 21
3. 英語のパラグラフの種類 ————————————— 24
4. 英語のパラグラフの特色 ————————————— 34
    - 4-1 結束性 —————————————————— 34
    - 4-2 論理の一貫性（coherence）————————— 39
    - 4-3 上位概念，下位概念 ———————————— 41
    - 4-4 要約（summary writing）にて効果を発揮する「上位概念」選び ———————————————— 44
5. 英語のパラグラフの作成過程 ——————————— 46

第3章 パラグラフ・ライティングへの「橋渡し」指導　55

1. 「結束性」の芽生え ——————————————— 55
2. 2～3文のつながりのある文章を書く ————————— 56
3. クリティカル・シンキングの手法を用いた分類整理の仕方 — 60
4. パラグラフ・ライティングに挑戦 ————————————— 68

第4章 ステップを踏んだパラグラフ・ライティングの指導　71

1. 中学校編 ————————————————————— 71
   - 1-1 自己紹介（対象学年：中学1年生　タイプ：語り文）————————————————————— 71
   - 1-2 Show & Tell（対象学年：中学1年生　タイプ：語り文）————————————————————— 78
   - 1-3 将来の夢（対象学年：中学2年生　タイプ：語り文）————————————————————— 84
   - 1-4 日本的事物の紹介（対象学年：中学2年生　タイプ：説明文）————————————————————— 93
   - 1-5 2つのことを比較しよう（対象学年：中学2年生　タイプ：説明文）————————————————— 100
   - 1-6 学校紹介（対象学年：中学3年生　タイプ：説明文）————————————————————— 107
   - 1-7 修学旅行で行き先どちら？（対象学年：中学3年生　タイプ：説明文）————————————————— 116
   - 1-8 あなたの休日の過ごし方, 家でのんびり型それとも外出型？（対象学年：中学3年生　タイプ：論証文）————————————————————— 124
   - 1-9 あなたは制服派？私服派？（対象学年：中学3年生　タイプ：論証文）————————————————— 132

2. 高等学校編 ———————————————————— 141
　2-1 自己紹介（対象学年：高校1年生　タイプ：
　　　語り文）———————————————————— 141
　2-2 「語り文」を書くライティング（対象学年：高校1～
　　　3年生　タイプ：語り文）————————————— 149
　2-3 影響を受けた本・映画（対象学年：高校2年生
　　　タイプ：語り文から説明文へ）————————————155
　2-4 日本的事物の紹介（対象学年：高校2年生　タイプ：
　　　説明文）———————————————————— 161
　2-5 日本語の慣用句，ことわざを英語で説明しよう
　　　（対象学年：高校2年生　タイプ：説明文）———— 169
　2-6 Argumentative なライティング指導（対象学年：
　　　高校3年生　タイプ：論証文）————————————180
　　2.6.1 法律による年齢制限の適否を考える————— 182
　　2.6.2 高等教育について：資料を基にニート，フ
　　　　　リーターについての自分の意見を書く———— 189
　　2.6.3 仕事と家庭に関する自分の意見を述べる——199
　　2.6.4 若者の自立に必要不可欠な要素とは何か？- 202

第5章 長期的評価　誤答分析　　　　　　　　　　　211

1. はじめに ——————————————————————— 211
2. 学習者のつまずき　1文レベル————————————— 213
　2-1 中学英語学習者の誤答分類—————————————— 213
　2-2 誤答分析を授業に生かす—————————————— 218
3. 学習者のつまずき　文章レベル（マクロレベル）———— 220
　3-1 文章レベルの誤答分析—————————————— 220
　3-2 文章レベルの誤答分析を生かすために —————————225

第6章 これからのライティング指導に向けて　226

1. 必要になってくる「考える力」─────226
2. 思考力の分類とライティングの指導─────228
3. 「Simple language＝simple thinking」にあらず─230
4. マルチコンピテンス─────232
   - 4-1 日本語の作文後の振り返り─────234
   - 4-2 一学期間の授業に関するアンケート─────235
5. 目指すべきライティング力とは─────236

〈資料〉入試対策　239

1. 高校入試編─────239
   - 1-1 全国入試問題におけるライティング問題の状況─────239
   - 1-2 公立高校入試問題例（07年）とその対策─────241
2. 大学入試編─────256
   - 2-1 立命館大（02年）─────257
   - 2-2 旭川医大（07年）─────259
   - 2-3 九州大（06年）─────262
   - 2-4 広島大（07年）─────264
   - 2-5 早稲田大・国際教養（06年）─────266
   - 2-6 慶應大・看護医療（07年）─────269

参考文献─────273

パラグラフ・ライティング指導入門
――中高での効果的なライティング指導のために――

1 高まるライティングの重要性について

1 「書く活動」の意義

　情報化時代の到来にともない，「書く」コミュニケーションが注目を集めています。IT時代に対応した「発信」する力が求められるようになってきているわけです。しかしながら「書く」活動の重要性は，単に「電子メール」が書けるようになるようにとか，最近の高校入試に自由英作文（トピック指定英作文）がよく出題されるようになったからといった実利的，皮相的なレベルのみで捉えるべきではありません。「書くこと」は実は学習者の「考える力」を高める「知的訓練」でもあるのです。また習得の途上にある英語学習者にとっては，他の技能（「読む」「話す」「聞く」）の上達にも大きく寄与する力になります。

　「書く」ことと「考える」ことは密接につながっており，作文をすることが知的訓練になるという考えをとる指導者は多くいます。アメリカの作文指導者レイムズ(Raimes, 1983)は "Composing means expressing ideas, conveying meanings. Composition means thinking." [文章を書くことは考えを表現すること，意味を伝達することである。作文は思考を意味する] (p.261，筆者訳)と述べています。このように「書く」ことは，まず自分の考えを産み出し，そしてその考えを表現し，さらにそれを吟味すること

によって自らの思考を徐徐に洗練させていくという，高度な認知力の発達を促す行為なのです。最近の高校入試や大学入試でいわゆる「自由英作文」と称される「意見文」や「論証文」が多く出題されるようになった背景には，単に和文英訳を通じて英語力を測るのではなく，そもそも学習者が書く内容を「考え出す」ことができるか，そして，コミュニケーションを意識しそのアイディアが読み手に的確に伝わるように論理的一貫性のある配列，構造化ができるか，という総合力を評価しようという動きがあるのではないかと考えられます。単なる文法力，語彙力を超えた力が求められる時代となったといえるでしょう。そうした時代の要請にこたえられるよう，教員側も英語の指導法を考えていかなければなりません。

2 「音声言語」が優位なのか？

これまで広く信じられてきた考えとして，言語習得における「音声言語の優位性」("speech primacy") というものがあります。つまり，英語教育においても「オーラル活動」こそが言語習得にとって王道であるとする考え方です。したがって，中学校の入門期においては，文字を見せずに音声のみでの指導を2〜3か月続けるというような方法も一部では取られてきました。

しかしながら，日本の多くの場合中学校から始まる英語教育において，"Speech is primary" という原則は必ずしも遵守しなければならないことなのか，ということをまずは再考したいと思います。

母語の習得においては確かに "Speech is primary" であり，習得順序も「聞く」→「話す」→「読む」→「書く」というような段階で進みます。しかし，外国語としての英語を日本人の中学生

が学ぶ場合にも，この習得順がそのまま当てはまるものなのでしょうか。母語の習得の場合，子どもはそもそも「文字」というものの存在を最初は知りません。したがって，「音」だけを頼りに母語習得をしていかざるを得ないわけです。しかしながら，中学生ともなれば，記憶における文字の重要性を彼ら自身認識しており，また実際に書記情報は様々な学習活動において記憶の助けとなっています。そして，英語の文字，つまり alphabet の多くは，小学校のローマ字学習を通して（十分とは言えなくとも）学習済みであるだけでなく，日常生活の中にも alphabet はあふれているので十分なじみがあります。中学に入り，英語学習を始めることで，まったく新たな書記体系を学ぶということではないわけです。また，最近は小学校での英語活動，英語学習を通じて，英語の音声インプットをかなり受けた子どもたちが中学校に入ってくる時代となってきています。そうであれば，入門期の中学生に文字を排除した英語指導をすることに固執する必要はないのではないでしょうか。それより，もっと積極的に文字情報を英語習得に生かすような方法を考えるべきではないのか，とまずは提言します。

3 入門期に乗り越えねばならない壁

　では，日本人学習者にとって英文を書くという活動はどのような意味を持っているのでしょうか。初めて英文を書く行為に直面した生徒は，アルファベット表記による英語の文章がそれまで書きなれていた日本語の文章とは大きく異なることに気づくことでしょう。日本語は，話すことができれば少なくともひらがなでは書くことができますが，英語の場合は事情が異なります。発音ができることと，その単語を正しくつづれることが異なることがま

ず第一の壁でしょう。小学校時代のノートの名前を書く欄にローマ字で「NAMAE」とあったものが，中学校のノートには「NAME」と書いてあってこれは間違いではないかと指摘した子どもがいたという話があります。また MIKE という表記に遭遇した時に，男の子の場合は，「マイク」であり，ペットの猫であるならば，「ミケ」と成りえることも，中学一年生にとってはなぞに思えるかもしれません。このように，英語では単語の音とつづりの関係が一定ではないという認識から習得が始まることでしょう。

そして文を書く段階になったら，日本語と異なり，単語と単語の間を空けて書かなくてはなりません。さらには，大文字小文字という区別もあることなども大きな壁となります。こうした英語の書記体系の複雑さゆえに，落ちこぼれてしまう生徒を作らないよう，入門期には文字指導を十分時間をかけて行いたいものです。

4 言語習得における「書く」活動の意義

最近の第二言語習得研究ではアウトプットの必要性が見直されています。

Swain は第二言語習得におけるアウトプットが本質的に持っている力として，次のような3つの効用を挙げています（1995, 1998）。ここでは Swain のいうアウトプットを「書く」ということに置き換えて，日本人学習者が英語を書くことでどのような英語習得の側面が強化されるのか考察してみます。

まず，書くことにより言語に関する「気づき」が促進され，それが習得において大きな力になるとされます。その「気づき」は3つのレベルに分けられます。

(1) 学習者が，目標言語自体の特徴に気づく。たとえば，日本人

学習者の場合，同じ文字にも大文字，小文字の別があることや，アルファベット自体と単語の中の音が違うのだということにまず気づきます（アルファベットのAは［ei］と読まれるけれど，単語の中では［a］［æ］［e］などいろいろな音になる，など）。

(2)　目標言語と母語との形式（ルール）の違いに気づく
　　　→"noticing the gap"

例えば，日本語では単数・複数を気にせずに文章を作っているが，英語では常に「数」を意識しながら文を作らねばならないことに気づくことです。

(3)　目標言語で自分の言いたいことが充分に言えないこと（a hole＝欠落）に気づく→ "noticing a hole"

自分が言い表したいことがあるのに，英語の語彙が見つからなかったり，あるいはどのような構文を使ったらよいのかわからず，英文にすることができないということに気づきます。

　書くことにより，以上のような3つの「気づき」が促進されます。もちろん，「話す」際にも同様な「気づき」は起こりますが，「書く」という行為によりその「気づき」がさらに鮮明になるのです。

　第二に，書くことを通じて，学習者は自分が持っている文法知識などを「仮説検証」（hypothesis testing）する機会が持てるため，それにより言語習得が促進されます。たとえば，普通名詞の複数形に関して，それは単語の末尾にsつけることであると学習したとしましょう。その文法知識に従って，two booksとは書けますが，dishという英単語を複数形にしようとして，「two dishsでいいのだろうか」と当てはめながら考える――こうしてその学習者が持っているその時点での「仮説」を確かめながら進むのです。

　まずは書いてみることで，時間をかけて自分の仮説に基づいた

アウトプットを生成することができ，しかも生成したものは自分の目の前にある――学習者はとりあえず自身がその時点で持っている不完全な文法知識（「仮説」）を駆使しながら書きます。そして，自力で，あるいは教師などからのフィードバックにより自分の誤りに気づく（× two dishs →○ two dishes）と，そこから再び書くことによって自分の文法知識を修正することができます（「検証」）。

第三にそのような仮説検証を通して，自分の持つ「メタ言語能力」を高めていくことができます。つまり，英語の単語の複数形を作るには単に s をつけるだけでよいのではなく，語尾の子音に注意しなければならないというルールの認識です。また，文のレベルであれば，「数の呼応」「時制の一致」などに気を配って英文を作らなくてはならない，というような意識を持つことでもあります。

こうした様々な「気づき」に導かれて学習は深まっていくことになります。このような言語習得上必要な「気づき」は，アウトプットという行為をしてこそ初めて認識されるものといえるでしょう。つまり，インプットが与えられ，学習者自身がそれを「理解」したとしても，「理解」しただけのレベルでは真の習得は起こっているとはいえません。アウトプットをして始めて，理解したものが内面化されて自分の知識の「欠落」や「ギャップ」に気づくということです。このことを Swain & Lapkin (1995) は次のように述べています。

In producing the target language, learners may encounter a problem leading them to recognize what they do not know, or only know partially. In other words, the activity of producing the target language may prompt second language

learners to consciously recognize some of their linguistic problems; it may bring to their attention something they need to discover about their L2. (p.373)
(目標言語を産出する過程において,学習者はある問題に遭遇し,そのお陰で自分がそれまでに知らなかったこと,あるいはよくは知らなかったことに気づくということもありえる。言い換えると,目標言語で産出するという活動は第二言語学習者に自分の言語上の問題点を認識させることを促進させ,目標言語に関して気づかねばならないことに注意を向けさせることができると言える。)

アウトプットしたことで,自分の知識の「欠落」や目標言語との「ギャップ」に気づいた生徒は,その欠落やギャップを埋めるべく,更なる知識を求めて意識がその側面(target form)に行くでしょうし,その後適切なインプットを与えれば,それを取り込んで言語習得過程の次のレベルに到達することができます。

　以上のように,言語習得上,実際にアウトプットしてみることは大変重要なのです。そして,書いてこそ,すなわち文字にしてこそ,見えてくるものが多いのであり,一瞬のうちに消えてしまう音声によるアウトプットでは,ここまでの気づきは起こりません。このことは,限られた時間で外国語として英語学習をしている日本の生徒に対する指導法を考える上では特に重要な視点と思われます。

5　ライティングの全体像

　それではライティングとはどういう活動をさすのか,全体像を提示してみましょう。
　Grabe and Kaplan (1996) はあるまとまった文章を創出する

のに関与するライティングの構成能力を次のように分類しています。

① 言語面
- 語彙：正しいスペリング
　　　　適切な語の選択
- 文法の知識：品詞，時制，数の一致
- 統語の知識：文の構造，文体
- メキャニクスと句読法の知識：大文字の使用，コンマ，ダッシュ，コロン，セミコロンの使用

② 文章構成面
- パラグラフ構成の知識：トピックセンテンスの作り方がわかる
- 十分なサポートをする
- 結束性（cohesion）：語と語，文と文が意味的に十分な結びつきを持つ
- 論理的一貫性（coherence）：transition words（つなぎことば）が有効に使われ，内容の展開，議論が一貫して進められる

③ 周辺面
- 読み手を意識する
- 読み手の期待を認識する（各分野の要求を理解する）
- 書く目的を理解する

④ 内容面
- 文章が明晰である
- 独創性がある
- 課題と関連性を持つ
- 論理的である

⑤ プロセス面
- アイディアを創出する
- 下書きをする

- 推敲を繰り返す
- 校正をする

本書ではこれらの側面について詳しく解説をしていきます。

6 ライティングとコミュニケーション

「コミュニケーション」ということばを聞くと，私たちはスピーキングのことをすぐに思い浮かべますが，実は書くこともそのほとんどはコミュニケーションです。そもそも「書く」ことは「日記」のような自己対話型のものを除けば，常に「読み手」があってなされる行為です。「書く」ことにより，私たちは自分の考えや思いを相手に伝え，その際，できるだけ自分の考えが相手にわかってもらえるよう，熟考して説明しようと務めます。

Widdowson (1983) は「書く」ことは常に「意味交渉」(negotiation of meaning) の過程をたどるものであり，つまり「コミュニケーション」そのものであると言っています。スピーキングにおける相手との「意味交渉」は，音声が前面に出て，聞き手と話し手が交互にやり取りをしながらなされますが，「書く」場合は書き手一人がこの「聞き手」の役割も自分で想定し演じながら進められます。そして，実際の読み手がどういう人で，どういう考えを持っている人なのか，書く際にはわからないことが多いので，自分の考えを充分に明確に伝えることをより意識して深く考えながら作業をしていかなければなりません。

以下の例では書き手自身が書く過程で「読み手」の視点に立って内容を振り返り，「意味の交渉」を進める様子を示します。(pp.34-47)

［例］

Almost every living thing is sensitive to light. Plants accept the energy of light, some moving to follow the sun almost as though flowers had eyes to see it. Animals make use of light, shadows, and images to avoid danger and to seek their prey.

最初の文を書いた後で，書き手は「意味の交渉」のため次のような自問をして内容を充実させました。

Almost every living thing is sensitive to light.

例を挙げて！

⇒　植物の例を出すことにしよう。

Plants accept the energy of light, some moving to follow the sun almost as though flowers had eyes to see it.

最初にあなたは全ての生物といったけど，もっと他の例はないの？

⇒　動物の例も述べた方がいいかもしれない。

Animals make use of light, shadows, and images to avoid danger and to seek their prey.

このように，書き手は読み手の立場を演じながらその反応を推察しつつ，「どういう意味？（"What do you mean?"）」，「だからなんだというの？（"So what?"）」，「もっとはっきり言えないの？（"Can you be more explicit?"）」，「例を挙げてもらえないかしら（"Can you give an example?"）」というような<u>自己対話をしつつ文章を書いていきます</u>。そういう意味で書くことは十分「コミュ

ニケーション」といえる行為でしょう。そして，こうしたコミュニケーションを通じて，書いている間に最初考えていた内容に変化がもたらされていきます。つまり，読み手の理解に鑑みた自問自答を繰り返すことにより，当初より考えが広がったり深まったりするわけです。このことを Widdowson は次のように述べています。

The interaction not only *facilitates* the conveyance of information but also *generates* the thinking process. (p.41)
(この相互作用は情報伝達を**促進する**のみでなく，思考過程そのものを**引き起こす**ものでもある)

またここで示されたような問いは，ピア・レビュー活動の折に，今度はライター（書き手）とレビューワー（批評者）間のコミュニケーションとしてそのまま使用することができます。

このように読み手に十分理解される文章を書くためには，「意味の交渉」を通じて正確に内容が伝わるよう細心の注意を払わなければならないのは勿論ですが，その他にも，「読み手」に快く受け入れられるために，汚いハンドライティングよりはきちんとタイプしたものであることが望まれますし，文法やスペリングが正しいことも勿論必要な要件です。より重要なのは，読み手によく理解できるような文章構成になっていることであり，そのための情報の配列をどのようにしたら効果的かということも考えていかなくてはなりません。

7 ライティングにおけるクリティカル・シンキングと問題解決能力

ライティングという行為のもう１つの大きな役割のひとつに，クリティカル・シンキングの涵養に寄与するという側面があります。情報があふれている現代社会においては，様々な事実や考え

を吟味し整理・統合するという意味でクリティカル・シンキング的発想が欠かせません。

E. M. Forster のことばに「自分が何を言いたいのかをこの目で見ないで自分が何を考えているのか理解することができるだろうか？ (How do I know what I think until I see what I say?)」ということばがあります。これはまさにライティングの最大の効用を言い表していることばといえるでしょう。書きことばにして思考を可視化することによって，初めて自分の考えがわかるということです (Hughey et al., 1983, p.34)。

「書く」という行為を通して，私たちは自分の考えを深め，そして書いたものを通して自分の考えの矛盾や誤謬に気づきます。書くことを通して，自分の理解が明確な形を取って表示され，考えが深まり，また足りない面も認識されます。つまり，自分の考えをひとたび文字にして見ることにより，それを客観的に，そして批判的に判断できる (critical thinking) ようになるということです。また，書いたものを前にして，どのようにしたら自分の考えをより効果的に読み手に伝えられるかと自問することは「問題解決 (problem solving)」の力を養うことにもつながります。

クリティカル・シンキングと問題解決能力は，こうした大局的な面からのみでなく，ライティングのプロセスのあらゆる場面で必要であり，書く行為によってこの2つの非常に重要な能力が涵養されていくのです。

8 ライティング産出の認知プロセスモデル

ここで，文章がどのように生み出されてくるのか，その産出の認知プロセスについて見てみましょう。ここでは1980年代から盛んになってきた認知心理学の研究成果をライティングの指導に応

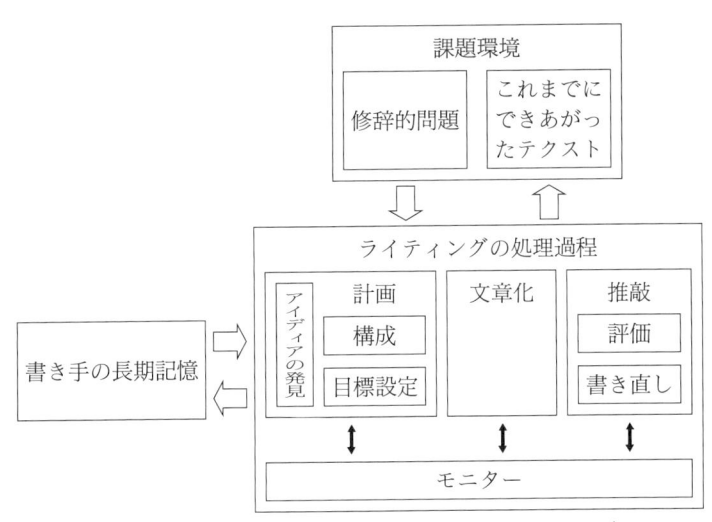

```
                    ┌─────────────────────────┐
                    │        課題環境          │
                    │ ┌──────┐ ┌──────────┐   │
                    │ │修辞的 │ │これまでに│   │
                    │ │問題  │ │できあがっ│   │
                    │ │      │ │たテキスト│   │
                    │ └──────┘ └──────────┘   │
                    └─────────────────────────┘
                         ⇓           ⇧
┌──────────┐    ┌──────────────────────────────┐
│          │    │     ライティングの処理過程    │
│          │    │ ┌──┬──────┬──────┬──────┐   │
│書き手の  │ ⇒  │ │ア│ 計画 │文章化│ 推敲 │   │
│長期記憶  │ ⇐  │ │イ├──────┤      ├──────┤   │
│          │    │ │デ│構成  │      │ 評価 │   │
│          │    │ │ィ├──────┤      ├──────┤   │
│          │    │ │ア│目標  │      │書き  │   │
│          │    │ │発│設定  │      │直し  │   │
│          │    │ │見│      │      │      │   │
│          │    │ └──┴──┬───┴──┬───┴──┬───┘   │
│          │    │        ↕      ↕      ↕       │
│          │    │ ┌───────────────────────┐   │
│          │    │ │       モニター        │   │
│          │    │ └───────────────────────┘   │
└──────────┘    └──────────────────────────────┘
```

図1-1 認知プロセスモデル（Flower & Hayes, 1981より）

用した2つの代表的なモデルを取り上げます。

　1つはFlower and Hayes（1981）のモデルです（図1-1）。彼らはライティングのプロセスを①ライティングの処理過程，②課題環境，③書き手の長期記憶の3つの構成要素に分けています。更に，ライティングの処理過程の中には「計画」，「文章化」，「推敲」の3つの下位過程があり，これらの過程はテキストを産み出す一方で書き手自身の「モニター」により管理されているとされています。このモデルによれば，ライティングのプロセスは直線的なものではなく，「計画」，「文章化」，「推敲」の間を何度も往復して出来あがるものです。従って，このモデルに沿った指導としては，「計画」の過程で「アイディア創出の方法」，「情報構築の仕方」，「目標設定の重要性」などを教え，「文章化」の過程では「アイディアの文章化の方法」にふれ，そして「推敲」を繰り返す事の重要性を説きます。そして何より，この一連のプロセス

```
           ┌──────────────────┐
           │  作文課題の心的表象  │
           └──────────────────┘
                   ↓
           ┌──────────────────┐
     ┌────→│  課題分析と目標設定  │←────┐
     │     └──────────────────┘     │
 ╭───────╮         ↓                ╭───────╮
 │内容に関する│                      │文章構成 │
 │  知識   │                        │の知識  │
 ╰───────╯                          ╰───────╯
```

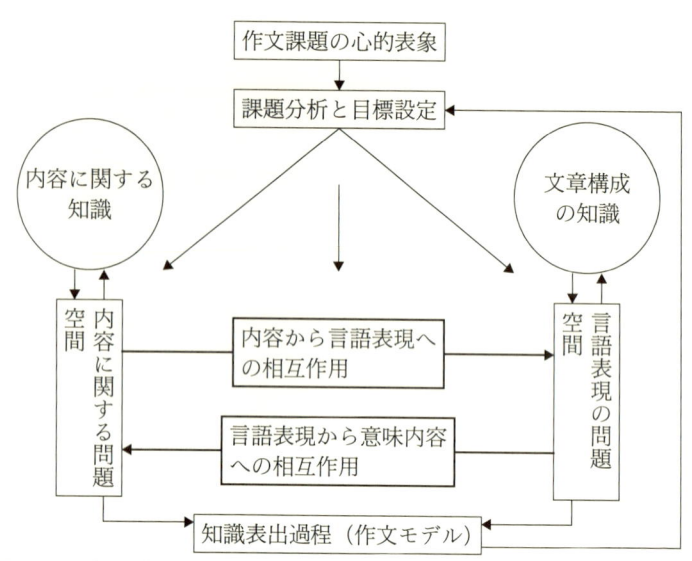

図1-2　知識変形モデル（Bereiter & Scardamalia, 1987より）

が繰り返され，相互作用によってより良い文章につながることを強調します。このモデルは現在に至るまでライティング指導における**プロセス・アプローチ**の理論的背景となっています。

もう一つの認知主義のモデルはBereiter and Scardemalia (1987) によるものです。Flower and Hayes (1981) が単一のライティングモデルを提唱したのに対し，彼らはライティングのプロセスは皆が一様な形を取るわけでないと主張し，「**知識伝達モデル (knowledge-telling)**」と「**知識変形モデル (knowledge-transforming)**」という2つのタイプを提案しました。「知識伝達モデル」に基づく文章は，主に自分の知っていることを語る (narrate) ものであり，これは未熟な書き手が頼る書き方であるとされています。この産出方法では，文章を書く前の「計画」も「書き直し」もあまりされません。これはもっとも単純な書き方

表1-1　知識伝達モデルと知識変形モデルの特徴
　　　　（Bereiter & Scardamalia, 1987）より

	知識伝達モデル	知識変形モデル
モデルの特徴	知識変形モデルに内包された下位的なモデル	書き手の能力を伸ばすような複雑な取り組みを表すライティング能力のモデル
必要とされる能力	自然に習得できる（単純な）能力	習熟によってのみ得られる高度な能力。考えや知識を文章化する通常の能力以上のもの。目標の達成のために，知識を再構成していく能力
ライティングの方法	日常で得られる技能による限定的なもの	日常で得られる以上の能力を必要とするもの。情報の再処理，再構築を含むライティングの方法
認知的活動（テクストと知識の相互作用）	ライティングの初心者が記憶から内容を検索するために用いる手がかりには以下の2つがあり，これによってのみ内容を産出する ・それまでに産出された文章 ・トピックについての既知情報 計画や目標設定を必要とせず，既に存在する談話的能力に依存する	・ライティングそのもののプロセスに関わる複雑な認知的な能力を養成する ・複合的なライティングのプロセスを通して考えが創出され，再考，言い換えによって思考が形成，変更されていく。テクストの変更のみならず，意図していた内容自体に変更がおこる ・計画や目標設定を必要とし，ライティングが思考プロセスの発展に重要な役割を担う

であり，書くために必要な情報は，書き手の個人的な記憶や経験や考えに依拠し，そこから取り出されるだけとされています。それに対し，「知識変形モデル」による書き方とは，書き手が「問題解決」の手続きをたどり，また「目標設定」も必要とされるような高次な知的作業を含むものです（図1-2）。そこでは，書かれたものの中に変容が起こるだけでなく，書き手の考えそのものに修正が重ねられ，知識が変容していくので，「知識変形モデル」と呼ばれるわけです。本書では，主として「知識変形モデル」に根ざしたライティングを目指しています。この2つのモデルの違いは表1にまとめてあります。

9 まとめ

　これまでみてきたように，英語のライティングというのは，「書く」だけのスキルを伸ばすものではなく，他の認知スキルをも同時に強化する活動であることがわかります。何かを書くとなれば，情報を集めるために「読む」ことが必要でしょうし，他の人とそのテーマに沿って「話をする」ということもあるでしょう。そうして得た情報を「分析」したり，「取捨選択」もするでしょう。こうした様々な活動を通じて，書き手は「問題解決を図る」ために，「筋道を立てて（論理的に）考える」ことが常に求められるわけです。

　こうした高次の認知活動以前に，「書く」ためには「読む力」「語彙力」「文法力」が必要になってくることは明らかです。人は必要な情報を求めて読み，解釈を行うことで読みを深めます。そして，自分の考えを一番適切に表わすことができる語彙選択を繰り返し考えることで，語彙力が次第に身についていきます。また，スペリングに注意を払うことで，一般的なつづりの知識に加えて，

morphologyに関する知識（-ed, -ing, 等）も定着することでしょう。こうした英語の基礎力強化を「話すこと」にはあまり期待できないのですが，「書く」ことは，自分の目の前にスペルアウトされた文字列があるので，知識面の強化及び記憶がより促進されるはずです。「文法力」が涵養されることは間違いありません。書く活動を繰り返せば，持っている知識を総動員して，自分の意図にふさわしい文型や語法のルールを適用したりして，自分の考えがうまく表現できるようになっていきます。このように，過去の文法学習で培ってきた原理のようなものを，自分の力で実践応用するということが「ライティング」活動そのものだということができるかもしれません。自分の持てる知識を総動員して行う活動，それが「ライティング」なのです。それゆえ，ライティングが第二言語習得に果たす役割は非常に大きなものであると言えます。

2 パラグラフ・ライティングとは何か

1 英語のパラグラフの特徴

　英語でいうパラグラフと日本語の「段落」とは同じものではありません。日本語の段落についてははっきりとした定義や構成概念はありませんが，英語の場合，「パラグラフとは何か」という定義がはっきりしています。

　パラグラフとは「書き手が主張したい1つのアイディアについてその主張がはっきりするように論理的展開によってサポートすること」とまとめられるでしょう。"One idea, one paragraph" といわれるように，1つのパラグラフのなかでは1つのアイディアのみが展開され，別のアイディアが入ってくるような不整合性を排除します。別のアイディアを述べなくてはならないときはもう1つのパラグラフを用意しなければなりません。

　1つのパラグラフの中では書き手の主張が読み手に対して充分な説得力を持つように，議論を展開していかなくてはなりません。それは「論証責任」と呼ばれます。日本語と英語の対照レトリック (contrastive rhetoric) を専門とした John Hinds (1987) は，日本語と英語の文章を比較して，日本語は **reader-responsible**（読み手が責任を持つ）であるのに対し，英語の文章は **writer-responsible**（書き手が責任を持つ）であると唱えました。つま

り，日本語では文章の理解は「読み手」の解釈に負う部分が大きいのですが，英語では「書き手」の意図が正しく伝わるよう論証していく責任があくまで「書き手」の方にある，ということです。

ここで英語の有名な警句をご紹介しましょう。

> Tell them what you are going to tell them. Tell them. And tell them what you have told them.

これは「何か伝えようとするなら，まず，これから話す話のポイントをまず先に話しなさい。そして，その内容を伝えなさい。その後で，更にそれまで何について語ったのか，話しなさい」というものです。つまり，**人に何かを伝えようと思ったらこれくらい何度でも噛んでふくめるように言わないと正しく伝わりませんよ**，ということをアドバイスする警句です。

次のセクションで詳しく述べるように，英語のパラグラフには冒頭にトピック・センテンスがあり，それをサポーティング・センテンスが支えています。上記の警句をこの構造に当てはめると，"Tell them what you are going to tell them." の部分がトピック・センテンスに当たり，"Tell them." のところでトピック・センテンスで紹介した内容が，サポーティング・センテンスにより更に詳しく語られる。そして，パラグラフの最後にある結論文 (concluding sentence) によって全体がまとめられるわけですが，それが "And tell them what you have told them." にあたります。

2 英語のパラグラフの構成要素

パラグラフの構成を日本語の文章との対比で考えてみましょう。

日本語の典型的な文章の構成法として「起承転結」といわれるものがあります。これはもともとは中国の唐代の漢詩の組み立て法にならって発達した方法で、日本語の文章を説明する際によく便宜的に使われますが、日本語のどの文章にもこのパターンが当てはまるわけではありません。朝日新聞の「天声人語」などがこの「起承転結」の論理構成にのっとっているとよく言われます。

　それに対し、英語のパラグラフは大きく分けると3つの要素で構成されています。その3つとは、「トピックセンテンス」、「支持文」、「結論文」です。

　それぞれの役割を見てみましょう（図2-1）。

この図でわかるように、それぞれの構成要素とそれが担う役割が日本語の段落と英語のパラグラフでは異なってきます。つまり、日本文における「起」は話の導入だけで済むのに対し、英語のパラグラフにおいては、<u>冒頭で**一番主要なテーマがまとめて述べられる**</u>ということです。また、日本文における「承」の部分では、その文章におけるテーマを支えたり、例を挙げるという点は英語の支持文に似ているとはいえますが、その役割はそれ程はっきりしていません。何より異なるのは**「転」の存在**かもしれません。日本文においては、この「転」の部分で、テーマからちょっとわき道にそれたことに言及したり、あるいは物語の場合であれば、何か大きな変化を意図的に与えることでインパクトを高めることもできます。英語のパラグラフの場合は、「**同一パラグラフ内は同一のテーマに沿った文のみで構成する**」といういわば、ゴールデン・ルールがありますので、日本文における「転」の存在は稀です。支持文の役割はより厳密に「トピックセンテンス」に述べられているメインテーマに関わる具体的事例を出したり、説得力ある理由によってそれを補強することです。そして、日本文においては、「結」がその文章の総括として、ここでもっとも主要な

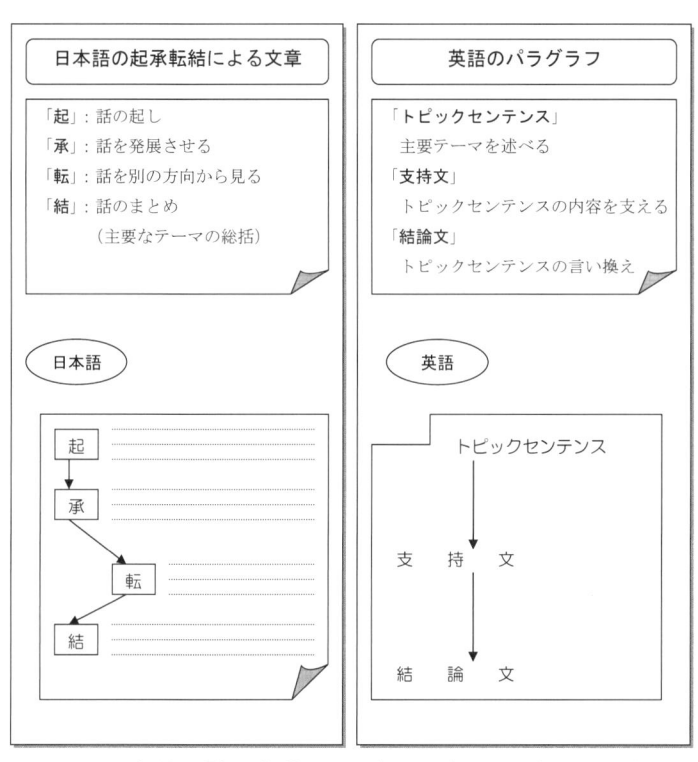

```
┌─────────────────────────────────┐  ┌─────────────────────────────────┐
│  日本語の起承転結による文章     │  │       英語のパラグラフ          │
├─────────────────────────────────┤  ├─────────────────────────────────┤
│ 「起」：話の起し                │  │ 「トピックセンテンス」          │
│ 「承」：話を発展させる          │  │   主要テーマを述べる            │
│ 「転」：話を別の方向から見る    │  │ 「支持文」                      │
│ 「結」：話のまとめ              │  │   トピックセンテンスの内容を支える │
│       （主要なテーマの総括）    │  │ 「結論文」                      │
│                                 │  │   トピックセンテンスの言い換え  │
└─────────────────────────────────┘  └─────────────────────────────────┘
```

図2-1　日本語の「起承転結」の文章と英語のパラグラフの比較

テーマが提出される場合が多くあります。したがって，もっとも大事なことは最後で述べられるのが典型的です。それに対し，英語のパラグラフの「結論文」はトピックセンテンスの言い換えであることが多く，論旨があまりにも明白な場合は，「結論文」が省略されることすらあり，あまり重要な要素とはなっていません。

　まとめると次のようになります。

【英語のパラグラフを構成する3つの要素】

> 1．トピックセンテンス（topic sentence）
>   トピックに関する書き手の主張の総論
> 2．支持文（supporting sentences）
>   トピックセンテンスを支える具体的な理由，例示など
> 3．結論文（concluding sentences）

3　英語のパラグラフの種類

　英語の文章はAlexander Bain (1890) により以下の4つの分野に分けられ，今日に至るまでその分類方法は概ね踏襲されています (Woodson, 1979)。それらは，次のものです。

> (1) narration（語り文）
> (2) description（描写文）
> (3) exposition（説明文）：書く目的や展開の仕方により，「原因と結果」，「分類」，「比較・対照」などに下位分類される。
> (4) argumentation（論証文・意見文）

(1)　語り文（narration）

　「語り文」(narration) というのは，自分の経験など個人的なことを物語のように説明するものです。

　典型的なトピックは「修学旅行の思い出」というようなもので，そこでは自分が修学旅行に行って感じたことなど，個人的な感想が書かれます。

　1章で取り上げた2つの異なるライティング・プロセスから見ると，これは「知識伝達型」のタイプに属する文章でしょう。自

分の経験の中から，思いついたことを書き連ねていくというのがこのタイプの特徴です。「語り文」はライティングにおける最初の一歩というべきもので，通常はここから「書くこと」の練習が始められます。

最初の一歩とはいえ，「語り文」を書くためには，読んだ人に「面白い」「興味深い」と感じてもらえるよう，それなりの工夫が要ります。そのためには，形容詞の選択などが鍵となるでしょう。また話の細部に読み手の興味を引きそうな具体例を挙げるということも大事なポイントです。

「語り文」の場合のアイディアの配列の順序は「時系列」にするのが一般的です。これは，時間の流れに沿って出来事を書いていくという手法です。

「孔子」の生涯について書かれた以下の文章が典型的な「語り文」のパラグラフの例です。

文章の流れ	The Life of Confucius
いつどこで生まれたか 幼年時代 ↓ 青年期 ・結婚 ・職業 ↓ 壮年期 ↓ 老年期 ・業績 ↓	Confucius was born in 551 BC in China. He was born into a noble family, but his family was very poor when he was born. His father died when he was three, and he was brought up in poverty by his mother. As a child, Confucius enjoyed reading and writing. He married at nineteen, and worked as a clerk and book-keeper. He became Justice Minister at fifty-three, but resigned two years later. Confucius started a long journey in north-central China. At sixty-eight, Confucius returned and spent his last years teaching his students the ancient

<table>
<tr><td>死去
現在
↓</td><td>wisdom from the *Five Classics*. He passed away at the age of seventy-two. His teachings are now found in the *Analects of Confucius* (「論語」). It is still well read by many people today.</td></tr>
</table>

〈Stylistics（文体の特徴）〉
・時系列に述べる
〈Expressions（よく使われる表現）〉
・年齢を表す表現：at fifty-three（53歳の時），at the age of 72（72歳の時）
・時を表す表現：in 551 BC（紀元前551年に），later（後に）

(2) 描写文（description）

「描写文」というのは「人」「もの」「場所」などを描写する文章で，典型的なトピックとしては「家族の紹介文」などが挙げられます。このジャンルの場合も，自分の知っている範囲のことを書くわけですから，2つの異なるライティングプロセスから見ると，「知識伝達型」のタイプに属するでしょう。

「描写文」の場合は，なんといっても描写しているものが目の前になくても読み手に文章を通じて十分わかってもらえるように，念入りに詳しい説明をすることが求められます。そのためには，簡潔な分かりやすい文を書くことや適切な形容詞の選択が重要です。

人を対象とした「描写文」の例として，以下に "My Little Brother" というタイトルのパラグラフを挙げます。

文章の流れ	**My Little Brother**
人物紹介　名前 　年齢　高校生 　　部活動 　　　容姿 　　　↓ 　　日常生活 　　　↓ 　　まとめ	I have a little brother. His name is Naoya. He is fifteen years old and goes to high school. He belongs to the baseball club at his school. He is not very tall or big for a baseball player, but he is full of energy. He is 170 cm and weighs 55 kg. His face is tan because he practices baseball every day under the hot sun. He has cropped hair. He practices very hard every day, so when he gets home he is usually very tired. I hope his school will win in the next summer baseball tournament.

〈Stylistics（文体の特徴）〉

・対象を正確に描写できるように形容詞を多用する。

〈Expressions（よく使われる表現）〉

・人物の描写：体格（well-built, slim, slender, stout, tall）

　　　　　　　髪型（long hair, short hair, bald, wavy, permed）

　　　　　　　顔の形（round, square, long）

・場所の描写：様々な前置詞（句）：at, on, along, off, over, near, beside, on the desk, opposite the door, around the corner, in front of the house, next to the door

⑶　説明文（**exposition**）

　「説明文」というのは事実を解説したり，情報を伝えるさまざまな文章のことです。

このジャンルには特徴的なパラグラフの展開方法がいくつかありますので,書く目的に対して一番有効だと思われる展開方法を選択します。それは,一般的には以下のような種類に分けられます。

① 「過程 (process)」を表す文章
② 「分類 (classification)」を表す文章
③ 「原因と結果 (cause and effect)」を表す文章
④ 「比較と対照 (compare and contrast)」を表す文章
⑤ 「問題解決 (problem-solution)」を表す文章

上記それぞれのタイプの文章については,効果的なアイディアの配列方法,多用される表現などがある程度決まっているので,それらに習熟することが必要になってきます。ここでは「分類」「比較と対照」「原因と結果」の文章を例文を示して解説していきます。

● **分類を表す文章 (Classification)**

楽器の種類	
3種類に分類される	**The Types of Musical Instruments**
① 弦楽器 　 violins 　 guitars ② 吹奏楽器 　 clarinets 　 trumpets ③ 打楽器 　 timpani 　 cymbals 　 triangles └ オーケストラ	Musical instruments can be classified into **three types according to** how a sound is produced. **The first type** is string instruments. The sounds are produced with a set of strings. Violins and guitars belong to this type. **The second type** is wind instruments. The sounds are produced by blowing. Clarinets and trumpets are examples of this type. **The third type** is percussion instruments. They are played by being hit. Examples are tympanis, cymbals and triangles. With these three types, we can make an orchestra.

〈Stylistics（文体の特徴）〉

　分類をするときに何より大切なのは，しっかりとした**分類の基準**を確立することです。例文の場合は，「どのようにして音が出されるか」ということを「分類の基準」としています。そして，その基準によって分類されるということが冒頭で明確に述べられています。

〈Expressions（よく使われる表現）〉

・X can be classified into three types (kinds) according to 〜.
・X can be classified on the basis of Y into three categories.

●比較・対照を表す文章（Compare and Contrast）

文章の流れ	Cars vs. Trains
電車と車には類似点と相違点がある	**There are some similarities and differences between** trains and cars. **Both** trains and cars have air conditioners, so it is very comfortable to travel in trains and cars. In addition, trains have baggage racks and cars have trunks, so you can travel with some baggage. **On the other hand,** there are some differences. A train can carry a large number of people, **while** a car can take at most six or eight people. **Another difference** is that trains run on rails, so you cannot go where there are no rails, but a car can go anywhere. In addition, you need not worry about a traffic jam while you are riding in a train, but if you are driving, you always worry about being caught in a traffic jam. In conclusion,
①類似点 例）エアコン 例）荷物入れ 　baggage racks 　trunks ②相違点 ・輸送量 　電車vs車 ・利便性 　電車vs車 ・交通渋滞 　電車vs車	

第2章　パラグラフ・ライティングとは何か —— 29

> these similarities and differences show the characteristics of these two types of vehicle. When we travel, we should choose either one, thinking about these features.

—まとめ

〈Stylistics（文体の特徴）〉

　比較するものが同種類のものでないと比較する意味がありません。モデル文の場合は，「乗り物」という同じジャンルに属する電車と車を取り上げ，その類似点と相違点を同一の基準に基づき，系統立てて述べています。

〈Expressions（よく使われる表現）〉

類似点を表わす表現：similarly, also, both, similar to
相違点を表わす表現：in contrast, on the other hand, whereas, while, different from, unlike

●原因と結果を表す文章（Cause and Effect）

文章の流れ

多くの日本人の視力が低下している

理由①
　目の酷使
例）TV games
　　computers

理由②
　目の休養不足
例）緑を見ることが少ない

> **Why is Japanese people's eyesight failing?**
>
> 　Today, more and more people are losing their good eyesight. There are many reasons to explain this. **First,** we overuse our eyes by playing TV games and using computers too much. When we look at the screen, we blink less than usual. Our eyes are protected by water provided by blinking, so if we do not blink, our eyes get dry. **Second,** we seldom rest our eyes by looking at greenery such as trees these days. The stress on our eyes does not lessen. **Third,** lack of nourishment may

理由③ 栄養不足 Too much fast-food unbalanced meals まとめ	be **a cause for** failing eyesight. We eat fast food, pouch-packed food and unbalanced meals more than before. This kind of diet **affects** our eyesight badly. **To sum up, these causes are closely related to** our lifestyles. If we want to regain our good eyesight, we should look at our daily lives and change some of our bad habits.

〈Stylistics（文体の特徴）〉

　ある事象の「原因と結果」に関して，**因果関係がはっきりするように要因を整理して論理的に構成，説明することが大切です。**

〈Expressions（よく使われる表現）〉

　つなぎ言葉：as a result, therefore, because

　動詞を使った表現：

・結果が主語：X may result from (be due to, follow from) Y.

・原因が主語：X may result in (cause, lead to) Y.

(4) 論証文（argumentation）

　Bainによって分けられたジャンルのうち，もっとも難しい文章とされているのがこの「論証文」です。一般的に，論証文というのは，対立する意見が存在する問題（issue）について，自分の立場と考えを論理的に述べるもので，その究極の目的は，読み手を自分の言説で説得することです。「論証文」という言い方が硬すぎることもあり，中学校などでは「意見文」と呼ばれたりします。このような論証文（意見文）を練習させる目的は，学生・生徒に漠然と意見を持たせたり，それを表現させるのではなく，

<u>自分なりの価値基準や判断で問題を分析させ，どのようにして結論にいたったかについて説得力をもって論理的に提示する力を養うことです。</u>

　高校や大学の入試で出題されるいわゆる「自由英作文」において，最も多く出題されるのが，この論証文（意見文）タイプの文章です。ですから，本書においてもこの論証文をきちんとした形で書けるようになることを1つの目標とします。

　論証文の書き方やスタイルは英語の文章においてのみ必要なわけではなく，通常の授業において課せられるレポートは，何語で書くにせよ，論証文を発展させた形であることが多いのです。また，論証文を書く訓練によって培った認知力（ことに批判的思考力）や構成法は，学生時代に有用であるだけでなく，社会に出てからもずっと応用していける貴重なリソースとなることは間違いないでしょう。論証文で培った論理性や説得力のある物言いは，ビジネスマンが報告書を書くとき，あるいは新商品のプレゼンテーション（スピーチ）を行うときなどにおいても，大きな効力を発揮するはずです。

〈Stylistics（文体の特徴）〉

　ある issue に関する自分の意見を反対の意見を持っている人に納得してもらえるように，説得力を持って書くことが大切です。そのためには，自分の意見をぶれることなく，客観的かつ論理的に一貫した書き方で呈示することが求められます。そのためには，自説の論拠を客観的にサポートしてくれる材料（例えば，統計的な数字）を用意したり，権威ある人のことばや本からの引用を使うことも必要になってくるでしょう。

〈Expressions（よく使われる表現）〉

　4章2-6参照。

文章の流れ	
	Do we need to go to a country where the language is spoken in order to learn a foreign language?
外国語を学ぶために外国に行く必要はない	Many people go abroad in order to learn a foreign language. **In my opinion,** it is not necessary to go to a country where the language is spoken to learn a foreign language. **I will defend my position with some reasons. First,** thanks to the development of computer networks, we can communicate with foreign people easily. **For example,** email is a popular way. Because mail is written, we can take time to read it. There is another way of communication called "chat." We can communicate our ideas with each other by using a computer screen as if we were having a real conversation. **In addition,** using the Internet, we can read foreign newspapers and listen to the news, too. There are many kinds of programs for English learners. We can improve our listening, writing, and reading skills on the Internet while staying at home. **Second,** we can watch a lot of TV programs in foreign languages. There are many bilingual broadcasts. Those programs range from news shows to dramas. **Third,** the number of foreigners visiting Japan is increasing. You can meet many foreigners at some places such as the YMCA or on university campuses. **In conclusion,** as long as you have strong motivation, you can always find ways to improve your foreign-language skills without leaving Japan.
理由①	
例1	
例2	
理由②	
理由③	
まとめ	

4 英語のパラグラフの特色

ここまでは英語のパラグラフの一般的な特色，そして様々な種類のパラグラフの例をみてきました。ここでは，英語の文章そのもの（テクスト）を，ミクロ的視点から考えてみましょう。

テクストとしての英語の文章を特徴付ける要素として2つの重要な点があります。「結束性」（**cohesion**）と「論理の一貫性」（**coherence**）です。英語らしい文章が書けるようになるにはこの2点について習熟度を高める努力が必要です。結束性はいわばテクスト（text の原義は「織られたもの」）の横糸であり，そして，論理の一貫性は縦糸といえるでしょう。横糸と縦糸がしっかりと編み合わされてこそ，しっかりしたテクストとなります。

4-1 結束性

結束性を体系的に研究した学者にハリデーとハッサン（Halliday and Hasan）がいます。彼らは *Cohesion in English*（1976）という本の中で，英語の文章の結束性の特徴について詳細に解説し，「結束性」は次の5つの仕組みからもたらされるとしています。(1)指示（reference），(2)代用（substitution），(3)省略（ellipsis），(4)接続関係（conjunction），(5)語彙の連関（lexical chain）です。ここでは，「指示」，「接続関係」，「語彙の連関」について説明します。

・指示（**reference**）

一番の例はおなじみの代名詞です。代名詞が文章の結束性，つまり一文を超えたつながりをもたらす機能を果たしているということです。この例は3章で詳しく述べます。

・接続関係（conjunction）

この範疇に含まれるのは and, but などの等位接続詞, although, because などの従属接続詞などのほかに, however, then などの独立接続詞や副詞, そして, at first, as a result などの前置詞句です。これらは, 接続関係をつかさどることから「接続語」と呼ばれるほか, ライティング指導においては「つなぎことば」と総称されることも多くあります。

ハリデーとハッサンは接続表現を機能的関係という観点から5つに分類しています。それぞれの代表的な例は以下の通りです。

「追加」（additive）：and, moreover, also, additionally
「逆接」（adversative）：but, however, yet, on the other hand
「因果関係」（causal）：because, as a result
「時間, 順序」（temporal）：first, finally, then
「その他」（others）：after all, now, well

「つなぎことば」の有効活用により生徒たちの作文の質がかなり高まるということは, ライティングの教師の誰もが少なからず感じていることと思われます。Bereiter and Scardamalia (1987) は「つなぎことば」を生徒の作文の過程において与えることにより, 彼らの思考自体が深まるとして, 「つなぎことば」の効用を説いています。

彼らは作文を始めてもなかなか書き進めないでいる生徒たち（4年生〜中学2年）に I think , For example , One reason , A second reason , Not all などと書かれたカード（cue card）を渡し, それらがライティングを進める手がかりになるかという実験をしました。その結果, 生徒の思考はそれらのカードに導かれて深化, 発展し, より内容の濃い文章が書けるようになりました。生徒たちはこれらのカードによって「書く内容を思いつくことができた（helped them think of the things to write）」と報告

しています。

　生徒たちは，これらのカードにある文頭表現（sentence opener）の示す方向で論理的帰結に当たる内容を考え，文を産出していったわけです。以下はその例です。（イタリックになっている部分が cue card で示されたもの）(pp.62-63)

> *One reason* I like winter is because of all the sports and games you can play in the snow. *A second reason* that I like winter is because when you come inside from playing in the snow, you can warm yourself up, with hot chocolate. *Not all* people think winter is so fun because of things like accidents with cars, and slipping on the sidewalk. *Besides* just playing in the snow, I sometimes think it's fun to just watch the snowflakes fall.

日本人中学生を対象に筆者らが行った実証研究においても，生徒たちは比較的容易に「つなぎことば」に関するメタ言語知識を内在化することができました。以下はライティングの過程で書いてもらった生徒の「内省」および「振り返り」からの記述です。

> ・まずは First, Second, Third だよな。少し余裕があるから because も使ってみよう。最後は Therefore, だったよな。
> ・つなぎことばがよくわかって良かった。もっとこの続きをやりたいと思った。文がすらすら書けるようになってよかった。
> ・今までどうやって書けばいいのかわからなかったんですが，1番2番3番など順序良く書けば，どうにか文章が作れると思った。自分の身になったと思う。

これらの生徒たちのことばからも分かるように，「つなぎことば」を使うことにはただ単に文章の流れが読み手に理解されやすくな

るという効果だけでなく,「つなぎことば」を使うことによって,書き手の方も自らの考えや内容を深めることができる効果があるわけです。「つなぎことば」を使わなければならないという状況を与えることによって,例えば「理由を3つ考えよう」とか「becauseを使って理由をあらわす文（節）を作ってみよう」とか,「Thereforeの後は結論をまとめなくてはならない」というように自ずと構成を考えるようになるという効果が見られます。

　文章におけるつなぎことばの効果をより把握するために次の2つの文章を比べてみましょう。

[A]

When I was a junior high school student, I liked English classes which were connected with actual life. There were some units which dealt with shopping or travel in textbooks. They were very practical, so I was interested in them. Without this type of a lesson, it was hard to find value in studying English. Classes using music and movies really impressed me. They gave me live information such as natural pronunciation or rhythm and also included some cultural information. They were not only enjoyable but also they motivated me to study English. These kinds of English classes still remain in my memory.

[B]

When I was a junior high school student, I liked English classes that were connected with actual life. **For example,** there were some units which picked up shopping or travel in textbooks. They were very practical, so I was interested in them. Without this type of lesson, it was hard to find a value of study-

例の提示

> [追加] ing English. **Moreover,** the classes using music and movies really impressed me. **That's because** they gave me live information such as natural pronunciation or rhythm and also included cultural information. They were not only enjoyable but also motivated me to study English. **Therefore,** these kinds of
> [まとめ] English classes still remain in my memory.

このように適切な「つなぎことば」の使用により,文章の論理展開がはっきりし,読み手は内容をよりスムーズに理解できるようになります。そしてこれも「書き手の方が責任を持つ(writer-responsible)」という英語の文章の特質に即したテクストの一側面といえるでしょう。

・語彙の連関 (lexical chain)

語彙による結束性とは,関連する語彙がチェーンのように意味の連想を形成していくことによって得られます。語彙の連関の典型的なパターンは,**語の言い換え (reiteration)** です。この言い換えという言語使用は日本語ではあまり多用されず,英語の文章の特徴の一つといえます。それゆえ,学習者にとっては習熟が必要になるポイントです。

「語の言い換え」はさらに,以下の5つに分類されます。

a. 同一語の繰り返し (boy — boy)
b. 類義語 (synonym) の使用 (boy — lad)
c. 包摂関係 (hyponymy) の使用 (boy — child)
d. 換喩 (metonymy) の使用 (boy — human)
e. 対立語 (antonym) の使用 (boy — girl)

ここで日本語との対比の上で強調したいのは,日本語では同じ語が繰り返し出てきてもあまりうるさく感じませんが,英語の場

合，同一語の繰り返しを嫌います。したがって，「語の言い換え」がよく起こり，そういう文章のほうが自然で熟達したものとされるわけです。

［あまりよくない文章］

I met a very interesting woman yesterday. She told me very interesting stories. Each of the stories was very interesting, and the way she talked was also interesting. Her stories were so interesting that I forgot about time.

［改善された文章］

I met a very charming woman yesterday. She told me very fascinating stories. Each of the stories greatly captivated me, and the way she talked was also enticing. Her stories were so appealing that I forgot about time.

この例からもわかるように，「面白い」ということを interesting だけで表すのではなく，様々な類義語で表すと，文章が生き生きとしてきます。この2つの文章を比べてみるだけで**語の言い換え**が良い英文を書く鍵であることがわかります。そのため，英文を書く際には，類義語辞典（thesaurus）が欠かせません。このことは実は英語が母語である人にとっても同じです。

4-2 論理の一貫性（coherence）

英語の文章を特徴付けているもう1つの重要な概念として「一貫性」(coherence)があります。「まとまりのある文章」とよく言いますが，「まとまり」とは何をさすのでしょうか？文がただ複数続けて書いてあるからといって，まとまりのある文章には成りません。

以下の例は「自分が好きなものについて書きなさい」というト

ピックで，書かれたものです。

> I like soccer. I like the Queen. I like Matsui. I like summer.

これは，中学1〜2年生が書いてしまいがちな文章ですが，これではまとまった文章とはいえません。まとまった文章というのは「ある1つのテーマに関して，論理的一貫性を持って」書かれているものです。つまり，パラグラフの構成のところで述べたように，トピック・センテンスとして提出されたテーマを支持文がサポートし，パラグラフの最後までその議論の論旨が一貫しているということです。たとえば，自分の好きなものについて書くのであれば，次のような文章が論旨が一貫している文章（coherent paragraph）と言えるのです。ここでは「サッカーを見るのが楽しい」という主題文に述べられたテーマに沿って全体がまとまりを持って構成されているからです。

> My favorite sport is soccer. Although I don't play soccer, I enjoy watching the games. **First,** soccer is fun to watch because it is such a fast-moving game. **Second,** the techniques players use are very exciting. World-class players' ball-handling skills are so skillful and beautiful that I never get bored even if nobody scores a goal. My dream is to go to see the next World Cup games in South Africa.

以上をまとめると，典型的な英語のパラグラフとは次のような構成を持つことがわかります（図2-2）。

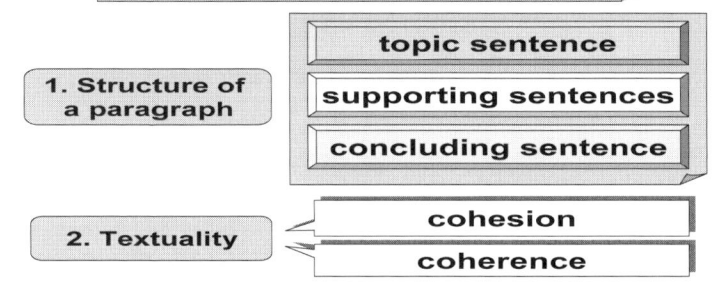

図2-2　英語のパラグラフの特徴

4-3　上位概念，下位概念

　パラグラフをまとめる上でもう一つ考慮しなければならないのが，「上位概念 vs. 下位概念」「一般概念 vs. 特殊概念」という対立構造です。これは英語の文章を論理的なものとするためのもう一つの大きな基礎概念なのです。

　上記で述べたように，トピック・センテンスではそのパラグラフを代表するアイディアが述べられます。これは往々にしてかなり抽象的な内容になりますから，それを支持文が具体的に説明をし，更に具体的事例を挙げることで説得力が増していきます。

　抽象度の異なる概念をどのように配列するかということは，のちにライティングのプロセスのところで説明する「アイディアの発見 (idea generation)」のために行うマッピングとその後の活動において重要なポイントとなってきます。

　あるトピックに関して「アイディアの発見 (idea generation)」のための作業をして様々なアイディアが産出されたとしましょう。しかし，それらのアイディアをそのまま列挙するだけ

【パラグラフの構造】

トピック・センテンス（抽象度が高い総括的な言説）
　　└── サポーティング・センテンス①（具体的理由・説明）
　　　　　　　具体例（更に具体的）
　　└── サポーティング・センテンス②（具体的理由・説明）
　　　　　　　具体例（更に具体的）
　　└── サポーティング・センテンス③（具体的理由・説明）
　　　　　　　具体例（更に具体的）

では決していい文章にはなりません。それらのアイディアを仲間（カテゴリー）ごとにグループ化し，そして，それぞれのグループをまとめる考え（「上位概念」）が必要になってきます。

　例を引いて説明しましょう。「あなたは春と秋でどちらが好きですか？」というタイトルで作文する際に，「アイディアの発見（idea generation）」作業を経て，自分は秋のほうが好きなものが多いから「秋が好きだ」と書くことに決めたとします。次に，秋のもので自分が好きなものとして，次のようなものが列挙されました。

> 秋のもので好きなもの：さつまいも，澄み切った青空，栗，紅葉，運動会，…

　次のステップでは同じ種類のものをグループ化しなくてはなりません。そしてそれぞれのグループを総称する名前（上位概念）をつけます。

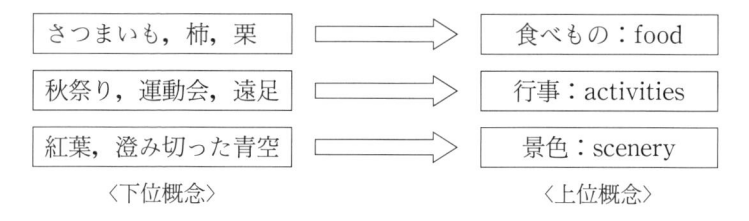

さつまいも，柿，栗	⇒	食べもの：food
秋祭り，運動会，遠足	⇒	行事：activities
紅葉，澄み切った青空	⇒	景色：scenery

〈下位概念〉　　　　　　　　　　　〈上位概念〉

　この図では，左側が個別なものをあらわす「下位概念」，そして右側がそれらを**総称する**「上位概念」ということになります。こうして生まれた「上位概念」がトピック・センテンスをサポートする支持文を構成し，「下位概念」がその支持文をさらに具体的に説明する具体例となります。このようにアイディアの整理と構造化ができて初めて論理的に一貫したパラグラフが書けるようになります。

　では，出来上がった文章を見てみましょう。

> I like fall better than spring for several reasons. First, there are so many kinds of delicious food in fall. For example, I like sweet potatoes, chestnuts and persimmons. Second, we can enjoy some open-air activities in fall, such as a fall festival, a field day, and a school trip. Third, we can see beautiful scenery everywhere. Leaves turn yellow, the sky is blue, and the air seems clearer. In conclusion, I like fall better than spring.

文章における上位概念，下位概念の紡がれ方，納得していただけたでしょうか。**英語の文章では，このような仕組みによって結束性，論理的一貫性が産み出されているわけです。**

Idea Generation

Which do you like better, spring or fall?

- Sweet potatoes / Chestnuts / persimmons → food
- Fall festival / Field day / School trip → activities
- Yellow leaves / Blue sky / Clear air → scenery

→ I like fall.

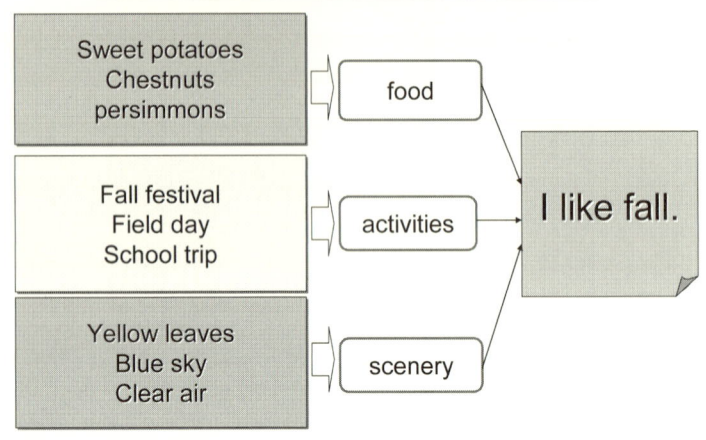

図2-3　「秋が好き」のアイディアのまとめ方

4-4　要約 (summary writing) にて効果を発揮する「上位概念」選び

「上位概念」「下位概念」という考えをもとに，分類整理する力を育てる指導法を考えてきました。この考え方はライティングのときのみならず，リーディングにおいても力になるのですが，ことに高等学校でのサマリー・ライティングにおいて力を発揮することになります。それを以下の例で見てみましょう。

例題：次の文章のサマリーを書きなさい。

> Kathy Johnson opened a small clothing shop in the basement of the Richmond Building on May 1. The building was located on a small side street just outside of town. It is five miles from a large mall that has several clothing stores.

Kathy spent $10,000 buying clothing for this shop. Most of them were T-shirts. She sold each shirt for $8. She hired three people to work as salespersons and paid them $6 an hour. The shop was open Monday to Friday from 1 to 5 p.m. Ms Johnson would not accept checks or credit cards.

On January 10, Ms Kathy Johnson closed her shop. She put a sign on the door that said "Out of Business".
(Blanchard, K. & Root, C. (1997) *Ready to Write,* 2003, p.120 参照の上改変)

この文章を要約するためには，「なぜ Kathy Johnson さんの店が倒産したのか」その原因を探り，それをまとめなくてはなりません。その際に，個々の原因，例えば，"The building was located on a small side street," とか "The shop was open only on weekdays" というように，挙げていったらサマリーではなくなります。ここでは，個々の要因をそれらを抱合する上位概念でまとめていかなくてはなりません。以下の図を見てみましょう。

Causes of Ms. Johnson's failure in business

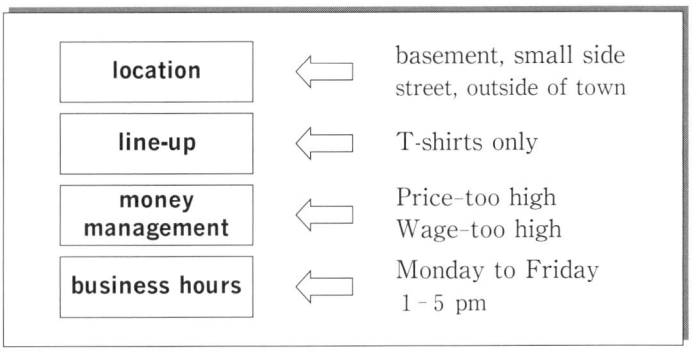

location	⇐	basement, small side street, outside of town
line-up	⇐	T-shirts only
money management	⇐	Price-too high Wage-too high
business hours	⇐	Monday to Friday 1 - 5 pm

図 2-4　抽象化して上位語を持ってくる力が必要

要約すると，次のようになるでしょう。

Ms. Kathy Johnson's business failed because the location, line-up, money management and business hours were all wrong.

このように，上位概念をうまく使っていくことが大変重要になります。

5 英語のパラグラフの作成過程

それでは，この章の最後に，プロセス・アプローチの考え方に基づくパラグラフの作成過程を例とともに紹介しましょう。典型的には次のようなステップを踏んでいきます。

Step 1　アイディアの発見（idea generation）
　　　　mind-map, clustering (web), listing
Step 2　アウトライン作り（outline）
Step 3　結束性（**cohesion**）を高める活動

では，それぞれのステップに関して詳しく説明していきましょう。ここでは，Our Homeroom Teacher というトピックを使った文章の産出過程を例に説明します。

Step 1　アイディアの発見（idea generation）

書くべきアイディアを発見することがライティングの一番の要件です。そのためのブレーンストーミングの手法として，マインド・マップ（mind-map），あるいはウェッブ（web），クラスタリング（clustering）などと呼ばれる手法があります。これは，下の図のように，真ん中に主題（テーマ）をおき，それに関して思いつくことをそこから枝分かれするようにどんどん書きこんでいくものです。

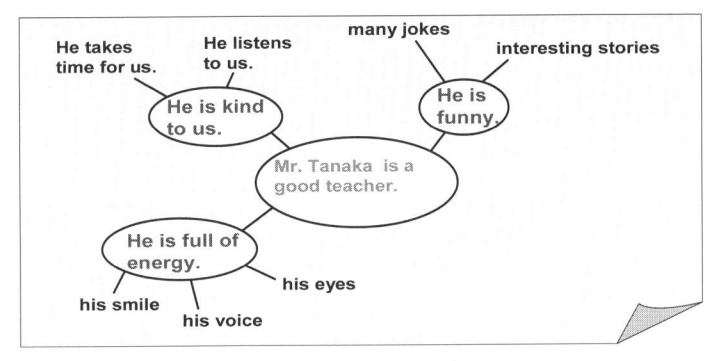

図2-5 アイディアの発見 (brainstorming)

　もう1つのアイディア発見の過程で効果的なのは、「アイディア発見のための問いかけ」(heuristic questions) です。

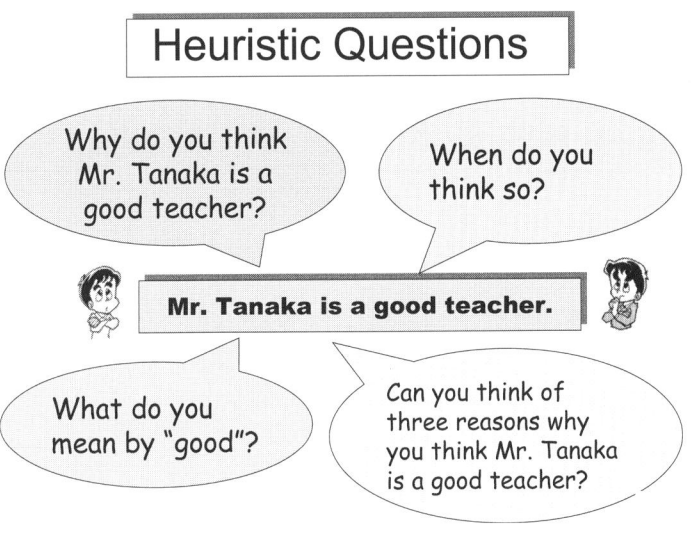

図2-6 アイディア発見のための問いかけ

図2-6にはMy Homeroom Teacherを書く際の質問の例を示

しています。その他の典型的な質問項目としては表2-1のようなものがありますので、テーマにより適宜 heuristic questions を用意するとよいでしょう。

表2-1 質問項目例

物（a physical object）を描写する場合

1. そのものの特徴は何？（形，大きさ，材質，等）
2. 構造はどんな形？
3. それは何に似ている？
4. 誰が作ったもの？
5. 誰が使うの？

出来事を描写する場合

1. 正確に何が起こったのか？（Who? What? When? Where? Why?）
2. 原因は何？
3. その結果どういうことが起こった？
4. その出来事は他の出来事と関連があるか？
5. その出来事は回避できたことなのか？

抽象概念を述べる場合

1. その言葉はどう定義されているか？
2. あなたならどのように定義するか？
3. 他のどのような概念がその概念と関連しているか？
4. その概念が我々の生活とどう関わっているか？
5. その概念がよりよく機能するためにはどのような変更が必要か？

自分の意見を提案するとき

1. 読み手に納得させるためにはどうしたらよいか？
2. この提案のキーワードは何か？
3. どのような論拠を提出したら自分の意見が受け入れてもらえるか？
4. どのような反論が予想されるか？
5. この提案の現実的な結果とはどのようなものか？

（Hughey et al.（1983）pp.80-81参照）

```
< 6つの側面 >
1. 描写する(describe)
2. 比較する(compare)
3. 連想する(associate)
4. 分析する(analyze)
5. 応用する(apply)
6. 論証する(argue)
```

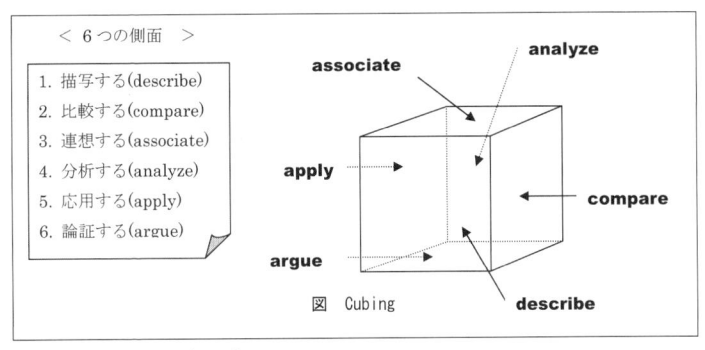

図　Cubing

図 2 - 7　キュービング

キュービング

　もう一つの体系的なアイディアの発見法として，キュービング (cubing) という手法があります。Cubing とは「立方体 (cube) にする」ことで，書くべきテーマを立方体の 6 つの側面（異なる角度）から見ることで，内容の充実を図ろうというものです。
6 つの側面を以下に説明します。（図 2 - 7)

1. 描写する (describe)：書こうとする「テーマ・対象」を五感をベースに，色，におい，形，感覚などによって表してみる。
2. 比較する (compare)：それは何に似ているか，似ていないかを考える。
3. 連想する (associate)：それによって喚起されるものを考える。
4. 分析する (analyze)：それは何によってできているか，何の一部なのか，考える。
5. 応用する (apply)：それはどんなふうに応用できるものか考える。
6. 論証する (argue)：それを擁護する立場に立つのか，その

第 2 章　パラグラフ・ライティングとは何か ―― 49

逆の立場に立つのか,それを理由とともに示す。

このキュービングによるアイディア発見のための問いとは,新聞記事などのジャーナリズムにおいてよく発せられる5W1H (who, what, why, where, when, and how) の問いとは異なり,物事の本質をより多面的に見ていこうとするためのものです。例を「バイリンガリズム」にとってみましょう。まず**「描写」**として,バイリンガルの人は単言語話者より言語的にも文化的にも豊かであると表現することができます。次に**「比較する」**ことにより,2つの言語を知っていることによる知的あるいは社会的特権に言及できるでしょう。更に**「分析する」**ことで,バイリンガルの人たちは2つの言語それぞれの言語スキルや文化スキル及びその使用法を身につけてるといえます。**「連想」**として,例えばバイリンガルの人について,音楽などの才能に恵まれている人との連想で論を進めることができます。同様に,バイリンガルのスキルの**「応用」**の場として,社会的,専門的,教育的見地から考えることができます。最後にバイリンガルは,様々な人々とのコミュニケーションを考える時,望ましいものであるということを主張(**論証**)することができます。(Ferris and Hedgcock, 1998) キュービングという発想法を使うとしても,実際にはこの6つの思考法を必ず使うというより,物事を「多面的に見る(=考える)」という発想法であると了解していればよいと思います。

これらのアイディアの発見に使われる手法は,4章においてそれぞれのテーマに合わせた具体例を示しながら詳しく説明します。

Step 2　アウトライン作り (outline)

様々なアイディアが出たところで,それらをアウトラインの形にまとめます。その際,最も抽象性が高いものを左側に,そして,抽象度が下がるにつれて,つまり具体的な説明や例は,少しずつ

右側に移動して並べていきます。

Outline

Mr. Tanaka is a very good teacher.
- I　He is kind
  - A. takes time for us
  - B. listens to us
- II　He is funny
  - A. jokes
  - B. many stories
- III　He is full of energy
  - A. big voice
  - B. eyes
  - C. smile

ここまでくれば，パラグラフの完成まであと一歩です。

完成したアウトラインを吟味すると，その文章が「一貫性」(coherence) を持って構成されているかという判断が容易にできます。

Step 3　結束性 (cohesion) を高める

ここでは，3-1で説明した結束性の概念を踏まえて見直しをし，適宜代名詞や，つなぎことばを加えることで，英語らしい文章になるように言語的工夫をします。

下記の例では点線部分が「指示」(reference) にあたるもの，下線部分が「つなぎことば」です。

　Our homeroom teacher is Mr. Tanaka. We call him Tac. He is such a great teacher that we all like him very much. First, he is very kind to us. He takes time for us and listens to us. Second, he is very funny. He tells us jokes and many interesting stories. Third, Tac is full of energy. His voice is very big, and his eyes are sparkling. In addition, his big smile makes us happy. Therefore, we all like Mr. Tanaka.

Step 4　ピア・レビューをする

　このピア・レビューという段階は少し時間がかかりますが，是非組み込みたい活動です。仲間と互いの作文を読み合うことにより，ライティングという行為には常に「読み手」がいるのだということを実感させることができます。また，同じテーマについて仲間が何をどのように書くかということは生徒にとっても興味深いものです。その際，活用したいのが「ピア・レビューシート」で（図7），こうした項目に答えていくことにより自然に「パラグラフライティング」に関するメタ知識が獲得，内面化されていくはずです。チェック項目の下には自由なコメントを書くための欄も用意してあります。

Step 5　先生（あるいは ALT）によるフィードバック

　この段階では，ALT の先生には文法，表現，スペリングなどの誤りの訂正を，そして，日本人の先生には今後の意欲につながるような「励ましのコメント」を期待したいところです。誤り訂正の赤字ばかりでは生徒の書く意欲が減じてしまいかねません。生徒に次回はもっといいものを書きたいと思わせるように，「Good writing!」とか「面白かったよ！」といった**「元気の出る」**コメントをしていただきたいと思います。

Step 6　書き直し

　一連のライティングプロセスの最終段階として欠かせないのが「書き直し」です。ピア・レビューシートによる友達からのコメント，そして，教師や ALT による文法，つづりなどの訂正

　　へ

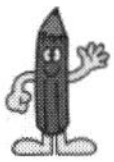

ペアチェックリスト

下のチェック項目をつかって友達の作品を読みましょう

	☑	チェック項目
1	□	トピックセンテンス（言いたい主張）が入っていますか トピックセンテンス：
2	□	理由が入っていますか 理由はいくつありますか：　　　　つ
3	□	言いたい主張に対する理由がしっかりと書かれていますか？ 理由は納得（なっとく）できますか
4	□	結論がありますか
5	□	つなぎ言葉を使っていますか
6	□	全体としてまとまった流れですか（構成順番がきちんとしていますか）
7	□	文の数はいくつありますか 　　　　つ

読んだ感想

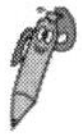

　　より

図2-8　ピア・レビューシート

(correction) を受け取っても，生徒はそれを見ただけでは，なかなか次のライティングに生かせる**「インテイク」**までもっていくことはできません。必ず「書き直し」をさせましょう。そして

さらには「書き直し」を通じて，どういうことに「**気づいた**」のかに関しても「**ふりかえり** (reflection)」を書かせると，より意識化が深まり，ライティングや文法に関するメタ言語知識が涵養されます。

Writing Process

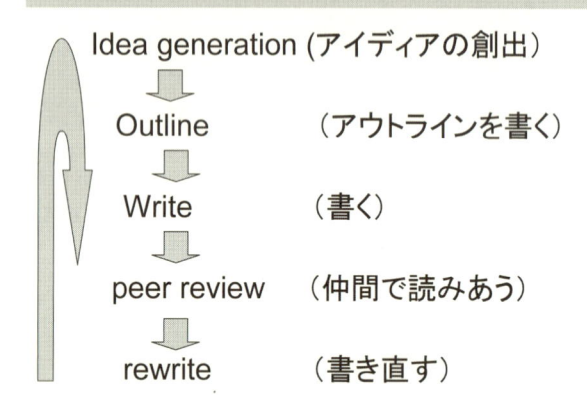

Idea generation（アイディアの創出）
⇩
Outline　　　　（アウトラインを書く）
⇩
Write　　　　　（書く）
⇩
peer review　　（仲間で読みあう）
⇩
rewrite　　　　（書き直す）

図 2-9　ライティングのプロセス

　以上のような一連のプロセス全体を「パラグラフ・ライティングのプロセス」と呼びます。4 章では，このプロセスをテーマごとに取り上げ，さらに具体的に説明します。

3 パラグラフ・ライティングへの「橋渡し」指導

　この章では，文レベルの活動からパラグラフの活動へ橋渡しをする授業実践例をいくつか見ていきましょう。この部分がこれまでの日本のライティング教育ではかけていた部分であるといえます。一文一文の正確さについては，文法の授業で扱います。そして，一挙に「パラグラフ・ライティング」へと飛躍していないでしょうか？センテンス・レベルからまとまった文章を書くパラグラフ・ライティングへの橋渡しの部分が，実は大変重要です。この部分を無理なく丁寧にやることにより，「論理のつながり」，「まとまった文章」ということを生徒たちに理解させるように導いていきましょう。2章で述べた「結束性」，「上位概念」，「下位概念」，そして「つなぎことば」に関し，これらをどのようにして生徒たちに理解させ，そして自在に使えるようにするかということを具体的なアクティビティを交えて紹介します。

1 「結束性」の芽生え

　2章で述べましたように，英語の文章の特徴の1つとして「結束性を求める」という点があります。結束性はパラグラフという形になったときにのみ出てくる概念ではなく，2つの文が繋がったときに，既に生まれてくる可能性があります。

以下の例を見てみましょう。

(1) I went to <u>a zoo</u> yesterday. I saw many animals <u>there</u>.
(2) I can play the guitar. My brother can <u>also</u> play the guitar.
(3) I visited <u>Tokyo Tower</u> last Sunday. I took a lot of pictures <u>there</u>.
(4) I bought <u>some new shirts</u>. <u>They</u> are very cool.
(5) I baked <u>a cake</u> yesterday. <u>It</u> looked bad, <u>but it</u> tasted good.

これらの例文では，2文間の結束性が生み出されているほか，書かれている内容，つまりアイディアもつながりがあることに注目してください。つまり<u>文章に結束性を生む練習は2～3文単位から十分につむことができる</u>ということです。したがって，中学1年生レベルから，「文を書くときは必ず2文以上で」，ということを習慣付けておけば，パラグラフ・ライティングを教えるときになって初めて「結束性」という概念を教えるということはなくなるというわけです。

2　2～3文のつながりのある文章を書く

単文レベルで文章が書けてきた学習者に，つながりのある文章を書かせるためには，こまかなステップを踏んで指導していくことが重要になります。そこでこのセクションでは，どのように指導していけば，単文レベルの文章に複雑さを増し，内容的につながりのある「2，3文レベルの文章」が書けるようになるか考えていきたいと思います。

授業実践例1　等位接続詞を用いて文をつなげる指導

ここでは，まず2文を接続詞で1文にする指導に焦点を絞り具体的な例を提示し，説明していきます。

(1) 2文を提示し，その2文をつなげて1文にするという活動・2つの英文を照らし合わせ，どの接続詞が当てはまるか考えさせる活動

例)

I like music. ⇔ I don't like math.

⇩

I like music, but I don't like math.

課題例) 例にならって実際に課題を学習者に解いてもらいましょう。

① I opened the window. Fresh air came through the window

⇩

(and) _____

② Chickens are bird. Chickens can't fly.

⇩

(but) _____

③ Tomorrow is Christmas. I have no plan.

⇩

(but) _____

④ I must do my homework. I have little time.

⇩

(but) _____

(2) はじめの1文だけを学習者に提示し，そのあとにつなぐ文を学習者自身が考えて作る活動（学習者の実態に合わせてグループ活動で行わせることも可能)

例)

I like music.

（but） （and）
　　（so）

I like music, but I don't like math.

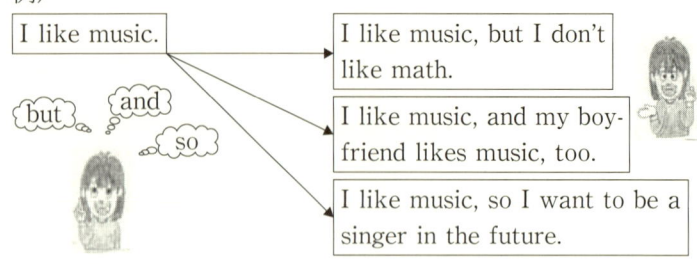

I like music, and my boy-friend likes music, too.

I like music, so I want to be a singer in the future.

|授業実践例2| 「つなぎことば」を教える実践

　第2章において英語のパラグラフを特徴付けるものとして，結束性（cohesion）がいかに大きなウエイトを占めているかということを解説しました。その結束性の中で，一番取り組みやすい「つなぎことば」を学ぶ実践例を紹介します。

|教師|

> 今日は「つなぎことば」について勉強しましょう。
> 「つなぎことば」は2つの文の関係を示しながら，この2つの文をつなげるものです。教科書でも so と because について学びましたね。

手順：グループごとに厚紙に単文が書かれたもの（2組ずつ），
　　　および，so , because が書かれたカードを渡す。

I missed the bus.

I was late for school.

I missed the bus.

I was late for school.

| I ate too much chocolate |

| I had a stomachache. |

| I ate too much chocolate |

| I had a stomachache. |

* stomachache 腹痛（胃痛）は板書する

|教師|

> これらをそれぞれ，|so|，|because| でつないでみましょう。グループでできたら黒板に来て貼ってみましょう。

(1) I missed the bus, **so** I was late for school.

　I was late for school **because** I missed the bus.

(2) I ate too much chocolate, **so** I had a stomachache.

　I had a stomachache **because** I ate too much chocolate.

　こうして，グループ活動として課題に取り組み，更にそれを黒板に張ることで，より視覚的に「つなぎことば」の働きを確認することになります。

　発展問題として，次のようなワークシートを宿題として出すこともできます。

> I 意味が通じる文になるように，それぞれの文の続きを□の中から選び，記号を書きましょう。
>
> (1) Kenta had no money, ...　（　　）
> (2) I want to be a nurse ...　（　　）
> (3) My mother found a dog in the park, ...　（　　）
> (4) I am going to go on a picnic ...　（　　）
> (5) I *skipped my lunch, ...　（　　）
>
> > (a) so he could not buy the CDs. (b) and she took him home. (c) if it is sunny tomorrow. (d) but it didn't work well. (e) but I didn't feel so hungry. (f) and help sick people.

＊ skipped；抜かす　　＊ on the way ～；～へ帰る途中

> II 次の下線部に，適切なつなぎことばを入れましょう。
>
> Today our volleyball practice was canceled, ＿＿＿＿ I went to see a movie with my friend, Ryoko. We wanted to see "*Closed Note*". ＿＿＿＿, the tickets were sold out. ＿＿＿＿, we decided to see "*Always～3choume-no-yuuhi～*". I really enjoyed the movie. ＿＿＿＿ Ryoko didn't like it very much.

〔解答〕 I (1)—(a), (2)—(f), (3)—(b), (4)—(c), (5)—(e)
II so, However, Therefore, but

---

3 クリティカル・シンキングの手法を用いた分類整理の仕方

　パラグラフを作る際に，基礎となる力が「分類整理できる」力です。与えられたトピックからアイディアを生み出すときを思い浮かべてください。ブレーンストーミングで書き出されたアイ

ディアを「分類整理」できなければ，アイディアは単に連想ゲームの答えのようにばらばらな状態のままで，使い物になりません。そこで，この章では，「分類整理できる」とは，どんな力のことか，課題を解きながら考えていき，「パラグラフを作る」ことにつなげていきます。

　アイディアとして出された項目を眺めたときに，その項目はどのようにグループ分けができるか，一つの概念でくくることが必要となります。これができると，ブレーンストーミングをした後，書き出された項目から1つのカテゴリーにくくり，そのカテゴリーにインデックス（上位概念）をつけることができます。このことはパラグラフを作る際に，主張を支える「理由」とその理由を説明する「具体例」をあげる際に，大変重要になります。

授業実践例3

　上位概念，下位概念を教える実践を紹介します。では実際に例をみてみましょう。

例1）次の中から仲間外れなものを抜き出してください。

```
candy
chicken      →  flowers以外は食べられる  →  flowers
flowers
vegetables
```

　以上の例から，このカテゴリーではインデックスである上位概念が「食べ物」であり，その構成要素であるcandy, chickenそしてvegetablesが下位概念となることがわかるでしょう。

|課題1|　それぞれのグループの中から仲間はずれなものを1つ選びましょう。

1.
- mother
- brother
- teacher
- sister

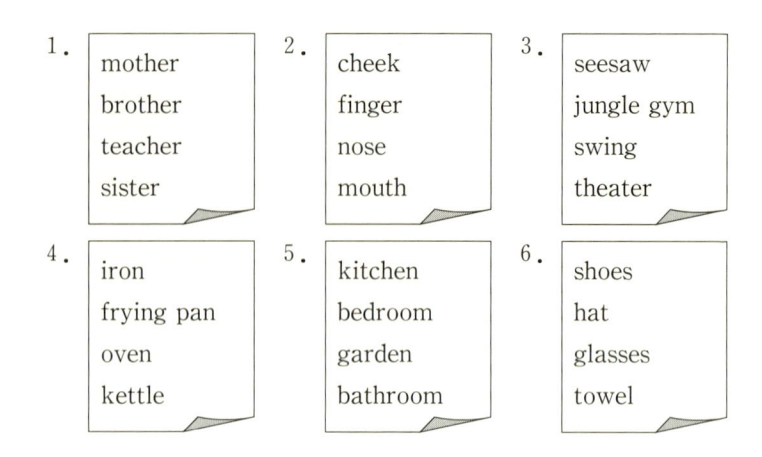

2.
- cheek
- finger
- nose
- mouth

3.
- seesaw
- jungle gym
- swing
- theater

4.
- iron
- frying pan
- oven
- kettle

5.
- kitchen
- bedroom
- garden
- bathroom

6.
- shoes
- hat
- glasses
- towel

例2）次のカテゴリーの中から，そのグループを表す項目を選びましょう。

Kennedy
president
Clinton
Bush

有名な人ばかり

→ president

以上の例からこのカテゴリーは「大統領」というインデックスをつけることができます。これが「上位概念」となり，Kennedy, Clinton, Bush が大統領という上位概念でくくられた中の下位概念です。

課題2　それぞれのグループから，そのグループを表す上位語を選んでみましょう。

1.
- cardigan
- jeans
- pajamas
- clothes
- shirt

2.
- pansies
- flower
- tulip
- nose
- carnation

3.
- sand paper
- hammer
- saw
- screwdriver
- tool

4.
- shoulder
- head
- hip
- knee
- body

5.
- beetle
- dragonfly
- insect
- butterfly
- grasshopper

6.
- happy
- sad
- excited
- feelings
- worried

課題3 これまでで,「上位概念」,「下位概念」がつかめてきたでしょうか。それでは仕上げです。それぞれのグループから仲間はずれのものを選び,そのグループにインデックスを付けましょう。

1.
- salad
- tomato
- carrot
- lettuce
- sister

2.
- café
- road
- offices
- town hall

3.
- skating
- racket
- baseball
- tennis

4.
- interesting
- doll
- computer game
- puzzle

5.
- talking
- raining
- smiling
- walking

こうした活動は，グループ活動で行うことができます。下記の写真は個々の単語を表したカードを並べ，それらをグループ化し，その上位概念を考えさせる活動の模様です。

★解答
課題1　1．teacher　2．finger　3．theater　4．iron　5．garden　6．towel
課題2　1．clothes　2．flower　3．tool　4．body　5．insect　6．feelings
課題3　1．sister-vegetable　2．road-building　3．racket-sports　4．interesting-toy　5．raining-movement

授業実践例4

トピックセンテンスをさがそう!!

ここでは，更に進み，文レベルでの分類整理の力を磨きます。

文章を読み，トピックセンテンス，つまり書き手の主張がどれなのか，まずは日本語の文章を例にとり，考えてみましょう。

> （例）　河川の水質汚染問題の原因としてまずあげられるのは，私たちの生活排水です。例えば，家庭からの使用済みの油や合成洗剤等からなる排水などです。次にあげられるのは産業排水です。これは工場などから河川に排出されるものです。私たちはこうした河川の問題を知り，自然への接し方を見直さねばならないでしょう。

この文章は2章で取り上げた日本語の代表的な文章構成法である「起承転結」の構造を持っています。最初は「生活排水」についてのトピックが紹介され，その次に具体的な説明に入ります。そして，先ほどの話題とは少しずれた「産業排水」が語られ，最後の文—「私たちはこうした河川の問題を知り，自然への接し方

を見直さねばならない」―が書き手の一番の主張，すなわちトピック・センテンスとなります。では，次の課題に取り組んでみましょう。

課題1 英語の文章にチャレンジです。トピックセンテンスに下線を引きましょう。（下線部が解答。）

1) Some people are big, and some are small. Some people are tall, and some are short. Some people are black, and some are white. Some speak Japanese, and some speak English. <u>We are all different, but we are all people.</u>

2) <u>English is difficult, but if you continue studying, you will begin to enjoy it.</u> If you study English every day, your English will get better. If you use English a lot, it will become easier in time. You will understand English songs and movies easily, and your life will be more interesting.

3) When I was in America, I often saw people blowing their noses* into their handkerchiefs. This is not bad manners in America. In Japan, on the other hand, Japanese people usually do not blow their noses into handkerchiefs; they blow their noses into tissues. <u>Manners are different from culture to culture.</u>

　blow one's nose　鼻をかむ

4) Everyone gets angry. Don't lose control of yourself if you get angry; instead try to find out why you are angry. It helps to talk about your anger with an adult, such as your parents or teachers. If you talk about your anger, those bad feelings usually go away. <u>We can control our anger if we know what to</u>

<u>do with it.</u>

5）内容と合わない文をさがそう!!

　この活動は「論理的一貫性」を養うためのものです。論理が一貫して通らず，どこに破綻があるのか見抜く力を養成するためのものです。

（例）Euro Tunnel

> There is an underwater tunnel between England and France. It's called the Euro Tunnel. It is 31 miles long. It takes only 20 minutes to travel from England to France if you ride on Eurostar. <u>England is famous for fish and chips, and France is famous for wine.</u>

　最後の部分が，それまで述べてきたトンネルについて関係のない内容です。ですから最後の一文に下線が引いてあります。

課題2　内容の合わない部分を選び，下線を引きましょう。

1) *Yukigassen*

> *Yukigassen* is fun and exciting, and it is played in countries such as Japan, Finland, and Norway. It is a snow ball fight. <u>*Kamakura* is also made of snow.</u> You attack your opponents* by hitting them with snowballs. If you get hit, you lose.

opponents　対抗者

2) Water for human body

> The human body is 50 to 65 percent water. Water is everywhere in your body: blood* is 83 percent water. Water is really important for our body. It carries important nutri-

ents*. <u>Water is also used for washing clothes.</u> You should try to drink water enough for your health.

blood　血液　　nutrients　栄養

3) Planting trees

Planting trees is important to protect our earth. Trees can keep land from washing away in the rain and help create more oxygen* for us to breathe*. You can talk to your family about planting young trees in your garden. <u>When you plant trees, you should water* trees enough.</u> You can also ask your teachers to plant trees in your school.

oxygen　酸素　　breathe　呼吸する　　water　水をやる

4) Why is fast food bad for you?

Our body needs a variety of foods that contain* protein*, vitamins, and minerals to keep us healthy. We can get all these nutrients* from foods like fresh fruits and vegetables, etc. Fast food like hamburgers, hot dogs, and fried chicken are usually full of calories but don't have many nutrients. Fast food restaurants often fry* food in oil and use a lot of salt or sugar. <u>I like fast food because it tastes so good.</u> If you eat too much fast food, you may have health problems.

contain　含む　　protein　たんぱく質　　nutrients　栄養　　fry　揚げる

　以上の課題をとおして，学習者はまとまった文章における内容の一貫性をみる目を磨きます。内容の外れたものを選び出す目を養うことで，自分自身がパラグラフを書く際に内容を一貫させることが可能になると考えます。このような段階を追った指導を行

うことで,「内容の一貫性」とは何かを学習者はつかんでいきます。またこうした課題のリーディング活動により,かなりのもの(内容のみならず,語彙・表現,文法,そしてパラグラフ・ライティングに関するメタ知識)がインプットされ,それがライティングとしてアウトプットされるときの大きな財産になってくるはずです。ライティングのためには良質のリーディング教材によるインプットは欠かせません。

4 パラグラフ・ライティングに挑戦

それではいよいよパラグラフ・ライティングに挑戦してみましょう。まずは,日本語と英語の談話(discourse)の違いに気付かせる練習問題をして,英語を書くときには頭を「英語モード」に切り替えるよう気付かせます(大井,2001)。

教師

> 次の日本語と英語のやり取りを聞いて,どんな違いに気がつきますか?

(日本語)
A:今日これからカラオケにでも行かない?
B:えーと,今日は午後から図書館へ行って,その後頼まれたものをイオンに買いに行って,それからそうそうたまった宿題もやらなくっちゃいけなかったな〜。
A:なんだか大変そうだね。それで,結局行けるの?
B:そーねー,行ってみたいんだけどいろいろあって。だから…無理みたい? ごめんね,せっかく誘ってもらったのに。
A:ま,しょうがないよね。じゃ,またね。

(英語)

A：I have two tickets for *GLAY*. Will you come to the concert with me tonight?
B：Oh, I'm sorry, but I can't. I have many things to do. This afternoon I am going to the library to do my homework. And I have to go to *AEON* shopping center because my mother told me to buy a bookshelf. Thank you for calling me.

☆違いがわかりますか？

　教師はここで，2章にあった日本語の段落及び英語のパラグラフの構造の違いについて説明します。その上で，次のように指導します。

教師

> 日本語では段落ごとに起承転結になっていたり，あまり中身を気にしないで，内容が変わったから段落を変えるということがありませんか？
>
> 英語では段落のことを<u>パラグラフ</u>と言います。日本語の文章の段落と似ていますが，英語で意見を言うような文章では，必ず以下の3つの点が1つの段落になくてはなりません。

板書

> 英語のパラグラフの必須3条件！
> 1　トピックセンテンス　書き手の主張（言いたいこと）
> 2　支持文　　自分の言いたいことを支える理由，説明，例
> 3　結論文　　自分が言いたいことを再度主張して終わる
> 　　　　　　　「だめ押し的存在」
> *英語を書くときは英語の発想に頭を切り換えること！*

> 🖉 練習問題　モデル文を読んで，パラグラフの3条件がどこにあるか探そう。トピック・センテンスは赤のペン，支持文は青，結論文は鉛筆で囲みましょう。

(赤) I like living in the city for three reasons. (青) First, living in the city is very convenient. There are many shops. You can buy things easily. When you get sick, you can see a doctor easily. There are many trains and buses. So you can use them easily. Second, there are many places where you can enjoy yourself when you have free time, such as theaters and concert halls. So you can enjoy concerts, musicals, and movies when you are free. Third, there are many good restaurants in the city. You can enjoy different kinds of food, such as Italian, Chinese, Thai and many more dishes. (鉛筆) I want to enjoy my life, so I love living in the city.

　赤，青，鉛筆というように色を使って視覚的にパラグラフの構造を認識させるのは有効な手立てです。

　さらに支持文とひとくくりにされているものも，実は理由や説明を抽象的なことばで上位概念として示している部分（下線部分）と，それらをさらに支えている下位概念としての具体例（点線部分）に分けられます。このように文章の構造を読み解く力をつけることによって，書く場合にも構造を意識してパラグラフ・ライティングができるようになることでしょう。

　以上はパラグラフ・ライティング導入の概要ですが，第4章でジャンルごとに様々なパラグラフ・ライティング指導を手順を踏んで説明します。

4 ステップを踏んだパラグラフ・ライティングの指導

1 中学校編

1-1 自己紹介（対象学年：中学1年生　タイプ：語り文）

　新年度の新学期でよく取り上げられるトピックが，この「自己紹介」です。学習レベルに添ってさまざまな内容を織り交ぜることができるトピックです。中学1年生から高校生まで扱えるトピックだからこそ，その指導には工夫が必要です。ここでは，自己紹介で何を伝えるかを，そのアイディアの出し方から，まとまった形としての構成，そして書いた英文に対するフィードバックの仕方と書き直しの作業まで，一連のプロセスを細かく追っていきます。

指導のポイント

　中学1年生には，既習の文法事項が限定されているため，ポイントを絞り自己紹介をさせること。一方で学習段階が進んでいくと，どの程度読む側やあるいは聞く側に新情報が提供されているかを考えさせたいところです。話がブツ切れではなく，話題の一貫性を持たせる工夫もしたいところです。同じ中学1年生でも夏休み前と年度末では，同じ「自己紹介」というトピックでも，扱う言語材料や文章構成も変えていけるということです。

Step 1　アイディアを出す

「自己紹介」のトピックを扱う際に，スピーキング活動と連動させ，ペアによるインタビューの結果を「自己紹介」として書いてまとめる方法をここで紹介します。なお，この活動は「自己紹介」に限らずインタビューした相手について記事風に仕上げる「他己紹介」にも応用させることができます。

|指導のポイント|

ペアによるスピーキング活動と組み合わせた heuristic questions は学習レベルが進むにつれ有効です。Heuristic questions とは2章でも触れたようにアイディア発見のための問いのことです。ペアになり，その相手に自分自身の考えを導き出す質問をします。相手は質問に答えることを通して，自分の考えを明確にしていきます。しかし，中学初級段階では，英語によるQ&Aはハードルが高いことも予想されます。ここではアイディアを出すことが目的ですから，学習レベルがあまり進んでいない場合は日本語による問いかけでもよいのではないでしょうか。また何を質問したらよいかわからなかったり，大人数の一斉授業でこの活動を行う際に，十分指導の把握ができない場合は，質問カードをあらかじめ教える側が準備し，それにしたがって質疑しあうのであれば，さほど混乱はなく進められると思います。

では実際に学習レベルに沿って「自己紹介」の進め方を見ていきましょう。

以下に示すものは，質問カードを準備し，ペアでQ＆Aをする活動です。

【学習レベル　中1前半　入門期】

> 課題：これからペアによるインタビューを行います。今日のトピックは「友達を知る」です。3つのカードを渡します。ここに書かれている質問をペアになった友達にしてください。友達の言った内容をメモしてください。この活動後インタビューした相手に渡します。

〈ペアによるQ&A〉

1.	Your name, please?	I'm Chiba Taro.
2.	Do you like sports?	Yes, I do.
	What sport do you like?	I like soccer.
3.	Do you like music?	Yes, I do.
	What kind of music do you like?	I like hip hop.

　上に示すように1〜3の質問カードを見ながら相手にインタビューします。

Step 2　インタビューをまとめる

　Step 1 では、アイディアを生み出すためのひとつの方法として heuristic questions を行いました。次はその質問を通して出てきた答えを、どのように文章の形にしていくかみていきます。下に示したものは、チャンクを利用した文の作り方です。これらの定型表現の中にインタビューの結果をあてはめて文を作っていきます。

チャンクでちゃんと伝えよう！

- 自分の名前を紹介するとき
  ① I am _____.　私は_____です。
  ② My name is _____.　私の名前は_____です。

- 自分のことを紹介する表現

  動作をあらわすことば（一般動詞）を使っていろいろと表現してみよう。

  ① 好きなことを説明するとき　I like ＿＿＿＿＿＿＿.
  ② 日頃しているスポーツについて説明するとき

     I play ＿＿＿＿＿＿＿＿.　ボールを扱うスポーツ（例：base-ball）

     その他のスポーツ　do kendo (judo, karate)
     swim, ski, skate

Q&A とチャンクを利用してまとめたものが，次の英文です。

I'm Chiba Taro. I like soccer. I like hip hop.（3文）

Step 3　フィードバックをする

　入門期（1学期終了程度）ですから，3文書けていることを評価しつつも，なんだかブツ切れで，もっと自己アピールをしてもらいたいところです。3文程度では，他の友達とほぼ同じ内容になってしまう傾向があり，そもそも自己紹介している意味がなくなってしまいます。そこで，以下のようなコメントを教師が行い，個々にフィードバックを与えます。

サッカーが好きなんだ。これに絞って自己紹介をしてみようか？　サッカーを自分でもするのかな？　休日のとき，それとも放課後部活動でするのかな？　好きなサッカー選手はいる？

　フィードバックのコメントで示すように，トピックを1つに絞らせ，そのトピックについて内容を発展させていくように働きかけます。このフィードバックの流れは，以下のように示すことができます。

> 名前の紹介 → 好きなスポーツ紹介 → 自分でもするかどうか
> → いつするか → あこがれの選手 → その人をどう思うか

Step 4　書き直す

　Step 3のフィードバックをうけて、すでに習っている基本文を利用させて書かせることが肝心です。より具体的に書かせることで、学習者もたくさん英文が書けたことに満足し、読み手も理解が深まります。

> I'm Chiba Taro. I like soccer. I play soccer after school. My favorite player is Shunsuke Nakamura. He is a good soccer player. I like him very much.（6文）

上の例が6文です。1年生夏休み前の時期でも、限られた言語材料で文の結束性も備えた文章を書かせることができます。

|指導のポイント|

　良きインプットが無ければ、いくらアウトプットさせようと思っても書けません。かえって学習者は劣等感を持ってしまいます。ですから、自己紹介のサンプルとして、これまでの「先輩の例」を提示して、学習者に目標を設定する機会を与えると、モデルを使えるという安心感を与えられます。

　これまでの指導の流れを整理すると以下の通りです。

① 　Q＆Aで自己紹介のアイディアを出す。
② 　チャンクを利用して文をつくる。
③ 　教師のフィードバックで文章のつながりを考えさせる。内容の一貫性をもたせるためにトピックを1つに絞らせる。
④ 　書き直しをする。先輩のサンプルやモデルを提示し、まとまった文を書くことを意識づける。

　以上の流れにそって、書く指導を進めていくと、まとまった文

章を書くことに慣れてきます。

【学習レベル　中2〜中3レベル】

　学習段階が進んでいくと，入門期とは違い，質問項目を増やし，内容についても多岐にわたることが可能です。

　以下に示すのは，学習段階が進んだ場合のペアによるインタビュー例です。

① あなたの名前　　　　　A：May I have your name, please?
　　　　　　　　　　　　B：＿＿＿＿＿＿＿＿＿＿＿＿＿＿
　　　　　　　　　　　　　　　⇩
② 住んでいる場所は？　　A：Where do you live?
　　　　　　　　　　　　B：＿＿＿＿＿＿＿＿＿＿＿＿＿＿
　　　　　　　　　　　　　　　⇩
③ いつどこで生まれた？　A：When and where were you born?
　　　　　　　　　　　　B：＿＿＿＿＿＿＿＿＿＿＿＿＿＿
　　　　　　　　　　　　　　　⇩
④ 家族の人数は？　　　　A：How many people are there in your family?
　　　　　　　　　　　　B：＿＿＿＿＿＿＿＿＿＿＿＿＿＿
　　　　　　　　　　　　　　　⇩
⑤ ペットはいる？　　　　A：Do you have any pets?
　　　　　　　　　　　　B：＿＿＿＿＿＿＿＿＿＿＿＿＿＿
　　　　　　　　　　　　　　　⇩
⑥ 趣味はなに？　　　　　A：Do you have any hobbies?
　　　　　　　　　　　　B：＿＿＿＿＿＿＿＿＿＿＿＿＿＿
　　　　　　　　　　　　　　　⇩
⑦ 暇なときなにする？　　A：What do you do in your free time?

　　　　　　　　　　　B：_____

　　　　　　　　　　　　　　⬇

⑧　将来の計画は？　A：What do you want to be in the future?
　　　　　　　　　　B：_____

〈解答例〉

① I'm Chiba Taro.
② I live in Inage.
③ I was born in 1993 in Yamaguchi.
④ There are four people in my family.
⑤ Yes. I have a dog.
⑥ Yes, I do.
⑦ I take my dog for a walk.
⑧ I want to be a trimmer in the future.

　このようなインタビューをもとに下のチャンクを利用してまとまった文章として自己紹介を書かせます。

チャンクでちゃんと伝えよう！

- 住んでいる場所を説明するときは
  I live in _____.
- 誕生日について説明するときは
  ① I was born in 生まれた年 in 場所.
  ② My birthday is _____.
- 家族を紹介するとき
  There are 人数 in my family.
- 将来のことを説明するとき
  I want to be a(an) _____ in my future.

　下に示したものが，インタビューを受けて，自己紹介したもの

です。

> I'm Chiba Taro. I live in Inage. I was born in 1993 in Yamaguchi. There are four in my family. We have a dog. Her name is Becky. My favorite pastime is taking her for a walk. I want to be a trimmer in the future.

　ここまで自己紹介についての指導を説明してきました。特に中学1年生段階で自己紹介をすると，なかなかまとまった内容が書けないという現状があることは確かです。ですが，適切なサンプルを数多く学習者に提示し，モデルを読むことから始めると，次第に学習者は書き始めることができます。

1-2　Show & Tell（対象学年：中学1年生　タイプ：語り文）

　1年終了時点で，学習者はbe動詞，一般動詞の肯定文，否定文，疑問文，助動詞canに現在進行形，そして過去形と実にさまざまな言語材料を学んだことになります。ここでのトピックShow & Tellは，学習者の学習段階に応じて進められる活動です。国立教育政策研究所による小中学校教育課程実施状況調査においても，このトピックを3年で扱い，「私の宝物」として紹介するよう指示しています。ここでは1年生にとって既習言語材料を利用して，表現できることを実感させていく指導法を考えます。そのためにも，学習者には，たくさんのインプットを与えることが入門期には殊に重要です。このトピックの指導の流れは以下の通りです。

> 課題：ALTの先生やクラスのみんなにあなたの大切な１品を紹介します。スピーチとして，そのモノか写真を実際に見せて紹介してください。ぜひなぜその１品にしたのか理由も入れて説明しましょう。終了後冊子や壁に掲示して紹介するので，じっくり考えましょう。

Step 1　モデルの提示

ALTやJTEが見本でShow & Tellを行い，学習者にモデルを示してみます。理解を助けるために，用紙も配り目標を持たせます。

> This is my favorite thing. It is a dictionary. It was a present from my parents. I don't know Japanese very well. So I use this dictionary every day. This is my treasure. Thank you.

これまで学習してきた言語材料を使い，実物を使うことで，学習の内容の理解は進みます。では実際に上記に示すようなモデル文を作るために，どんな手順を踏んでいけばよいでしょうか。

【効果的な指導手順】

> ①　語彙を豊富にするために，アイディアマップを利用する。
> ②　１品を説明するための表現をインプットしながら，活用できるように慣れさせる。
> ③　文の展開の仕方を知る。

以上の手順で「私の１品」が書けるように生徒を指導します。

Step 2　アイディアを出す

アイディアマップを利用し，１品となる語彙をたくさん書き出します。ALTとのティームティーチングなら，分からない語彙

については援助をもらいながら黒板に列記していきます。グループ対抗で時間制限を用いて競わせても授業が活発になります。

指導のポイント

生徒たちに以下の表現をどんどん言わせましょう。またこの活動は辞書を引く練習にもなります。

```
How do you say _____ in English?
How do you spell it?
```

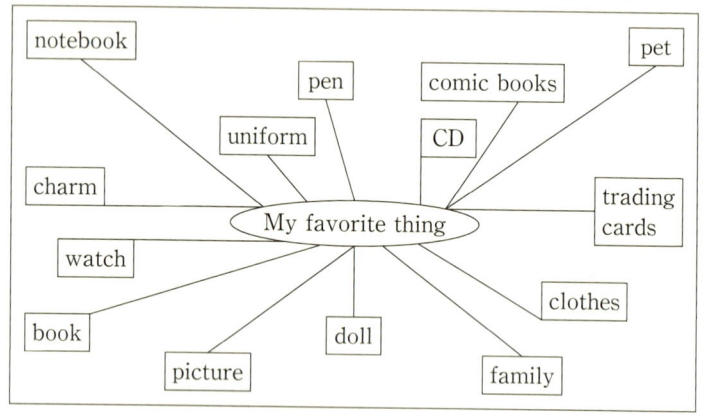

My favorite thing: notebook, pen, comic books, pet, uniform, CD, charm, trading cards, watch, clothes, book, doll, picture, family

Step 3 スピーチの表現を知る

Step 2 でたくさんの語彙が出てきたところで，次にどのように1品を説明するか，その表現の仕方を指導する必要があります。すでに学習者はさまざまな言語材料を学んでいます。どの表現を使うのがいいのか，十分練習させる必要があります。そこでスピーチをしていくための表現を練習するために，その表現のインプットと活用の2点から見ていきます。

① モデル文を再度見ていき，表現に慣れさせましょう。

スピーチの出だし　　　　　　　　品物の提示

> This is my favorite thing. It is a dictionary. It is a present from my parents. I don't know Japanese very well. So I use this dictionary every day. This is my treasure. Thank you.

なぜ大切な品物か説明　　　　　　スピーチの締めくくり

　学習者にモデル文の文章構成を紹介したら，さらに慣れるために，インプットを与える工夫が必要です。

例）学年の先生方に協力をいただき，1品をビデオや印刷物で紹介する。誰の大切な1品かクイズ形式で当てさせることで，モデル文をたくさん聞かせたり，読ませる機会を与えることができます。

② 何が必要か考えさせましょう。

　モデル文を多く聞いたり読んだりすることで，どのような要素が必要か学習者に考えさせます。スピーチの中に取り入れる内容はこのShow & Tellを実施する時期の学習段階にもよります。ここでは1年生終了段階までを考えて指導の手順を説明していきます。

① スピーチを始めるときの表現
② 品物を提示するときの表現
③ なぜその品物が大切か説明する表現
④ スピーチの締めくくりの表現

【段階を追ったShow & Tell】

① This is my _____. It is a nice _____.

第4章　ステップを踏んだパラグラフ・ライティングの指導

☆代名詞Itで前の文とつなげて2文の完成
② This is my _____. It is a present from _____.
I like it.
☆代名詞Itで前の文とつなげて2文を作り，なぜ大切なのかも説明。一般動詞の文も追加。
③ This is my favorite _____. It is _____.
I can _____.
☆助動詞canを利用して3文。
④ I like this _____. It is _____. I bought _____ ……
☆過去形を含めて3文。
⑤ Look at this _____. It is a solar car. It uses solar energy. It can run fast. It is a present from my uncle.
☆教科書本文の表現を利用してみる。一般動詞，助動詞canを利用して5文完成。

(参考：*SUNSHINE ENGLISH COURSE* 1 (Program 8). 2006. 開隆堂.)

指導のポイント

①代名詞を利用し，文と文に結束性を持たせることが，1年生レベルから可能です。

②大切な1品というトピックなので，関係のないものが入らないようにします。

コメントの例) 大切なモノをたくさん書き連ねるだけで，説明がなにもなく，まとまりはあるかな？

Step 4　文章の構成を考える

1つ品物を選び，質問項目に沿ってアウトラインを考えてみましょう。

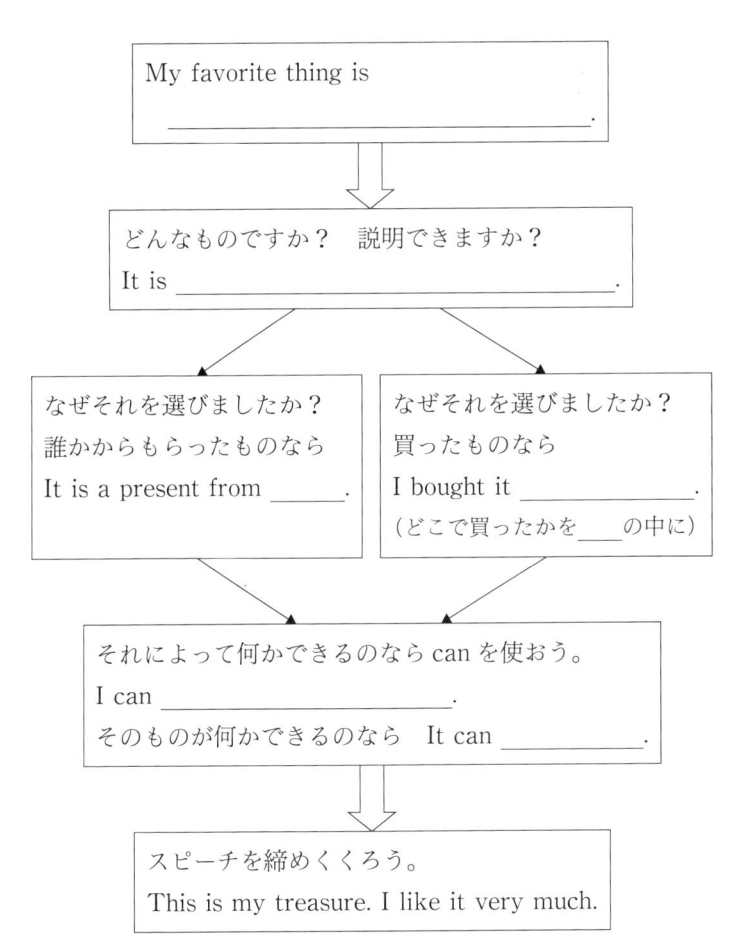

```
┌─────────────────────────────────────────┐
│ My favorite thing is                    │
│ _____. │
└─────────────────────────────────────────┘
                    ↓
┌─────────────────────────────────────────┐
│ どんなものですか？ 説明できますか？      │
│ It is _____. │
└─────────────────────────────────────────┘
           ↙                    ↘
┌──────────────────────┐  ┌──────────────────────┐
│ なぜそれを選びましたか？│  │ なぜそれを選びましたか？│
│ 誰かからもらったものなら│  │ 買ったものなら        │
│ It is a present from __.│ │ I bought it _____.   │
│                      │  │ (どこで買ったかを__の中に)│
└──────────────────────┘  └──────────────────────┘
           ↘                    ↙
┌─────────────────────────────────────────┐
│ それによって何かできるのなら can を使おう。│
│ I can _____.          │
│ そのものが何かできるのなら It can _____. │
└─────────────────────────────────────────┘
                    ↓
┌─────────────────────────────────────────┐
│ スピーチを締めくくろう。                 │
│ This is my treasure. I like it very much.│
└─────────────────────────────────────────┘
```

Step 5　文章にまとめる

　文章構成のパターンが理解できたら，実際にチャンクを利用して文章にまとめていきます。

チャンクでちゃんと伝えよう！

① This is my favorite ＿＿＿＿. これは私のお気に入りの＿＿＿＿です。
② My favorite thing is ＿＿＿＿.
　私のお気に入りのものは＿＿＿＿です。
③ It is a present from ＿＿＿＿. それは＿＿＿＿の贈り物です。
④ I bought it ＿＿＿＿. ＿＿＿＿で買った。
⑤ I got it ＿＿＿＿. ＿＿＿＿で手に入れた。
⑥ I can ＿＿＿＿. ＿＿＿＿ができる。

Step 6　発表する

　完成したらペアで発表し合ってみましょう。その後，手直しをしてクラスで発表します。

　1-2で紹介した指導の流れを整理すると次のようになります。

① モデルを提示し，目標を明確にする。
② アイディアマップを利用し，何と伝えたいのか整理する。その際必要となる語彙を英語で書き出す。
③ モデルを見てスピーチの表現に親しむ。
④ 文章の構成をアウトラインを使って考える。
⑤ チャンクを利用して文章にまとめる。
⑥ スピーチを発表する。

1-3　将来の夢（対象学年：中学2年生　タイプ：語り文）

　教育現場では現在，キャリア教育の重要さが叫ばれ，小学校か

ら将来の職業について考える授業が行われています。中学においても進路の学習で，2年生では社会体験学習を行う学校が多いです。このような状況の中，「将来の夢」というトピックは，書くことを通して，自分の将来について考えるよい機会となります。多くの教科書でこれまでにスピーチと連動して取り上げられてきた題材です。ここではなぜその職業に就きたいのか，具体的な例を示しながら，理由も述べていく書き方の指導を紹介します。

> 課題：姉妹校の中学生が学校にやってきます。そこで将来の夢について語り合うことになりました。あなただったら，どんなことを発表しますか。海外の人にも分かるように，その職業につきたい理由もいれて説明してください。

　将来の夢を英語で語るのはどんな目的があるのでしょうか？思春期の時期，日本語で自分の夢を語るのは気恥ずかしいかもしれませんが，英語を使うことでその気持ちを切り替えることができるかもしれません。又，海外の人と自分の意見を交換し合うインターネットのサイトを利用して英語を実際に使う機会を与えることもできます。個々に目的を持たせて，このトピックの指導に当たりたいところです。ここでは社会体験学習とリンクさせ，将来の夢を語る場面設定を違和感のないようにします。本指導の流れは以下の通りです。

Step 1　社会体験学習に参加した生徒へインタビューをする

　社会体験をした後に生徒へインタビューをして，その感想を聞きながら，将来の夢を語る場面設定を準備します。

① 　生徒が体験した職業をリストアップする。
② 　どんな仕事内容だったか聞いてみる。

　以上の活動を通して，将来の夢を語るための語彙の準備が可能になります。

ALT : Where did you go for the career training days?
Student 1 : I went to a kindergarten.
ALT : How was the job there?
S1 : It was fun.
ALT : Why?
S1 : I enjoyed playing with children.
ALT : How about you, S2?
S2 : I went to *shobosho*.
ALT : Oh, you went to the fire station. Did you work with fire fighters?
S2 : Yes. I practiced many things with them.

このような会話を通して出てきた語彙を黒板に書き示しながら，語彙を増やしていきます。

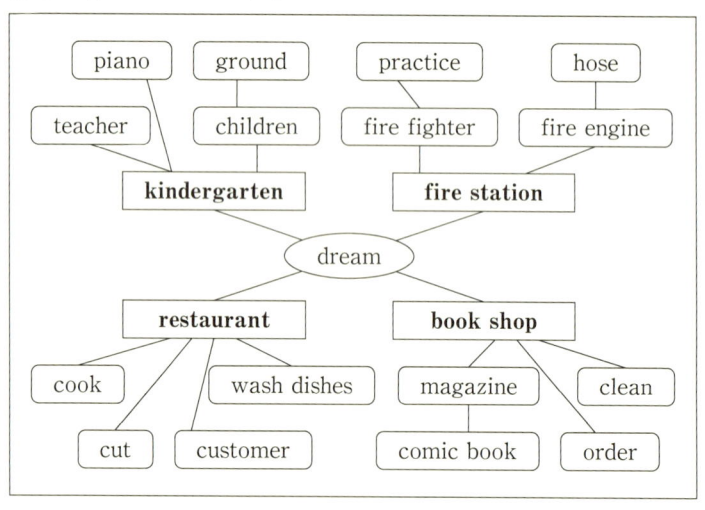

```
         piano    ground         practice      hose
      teacher     children    fire fighter   fire engine
           **kindergarten**        **fire station**
                       dream
            **restaurant**         **book shop**
        cook     wash dishes    magazine     clean
            cut    customer    comic book    order
```

Step 2 スピーチのための導入をする

　ALT の先生がどんなことをしたいのか話すのを聞き，スピーチのベースを考えます。この活動は実際に生徒自身にも行わせ，

最終的にスピーチ原稿を仕上げていきます。大切な表現にも慣れさせておきます。

JTE：What is your dream?
ALT：I want to learn Japanese sweets.
JTE：Oh, really. Why?
ALT：I like green tea. Japanese sweets and green tea are good combination. So I want to know them.
JTE：You know our culture very well.

指導のポイント

聞きとらせる際に，2つの点について注意を向けさせます。
①なにをしたいのか　　I want to の出だしに注目させる
②どうしてなのか　　　Why? のあとの答えに注目させる。

Step 3　スピーチを提示する

ALTのスピーチを聞き，自分が書くモデルとします。

> Today, I'm going to tell you about my dream. I want to be a Japanese sweets cook because I love them. There are many kinds of Japanese sweets in Japan. They are colorful, healthy, and delicious. We can also enjoy seasonal sweets, such as *sakuramochi* in spring and *mizuyokan* in summer. So I want to make my own original Japanese sweets in the future. Thank you.

Step 4　スピーチの構成を考える

ペア活動を行います。3のスピーチ原稿をもとに友だちと話し合いながら，構成を考えます。

> 1．なにになりたいですか？
> 2．その理由はなぜですか？

3．さらにそのことを通してどんなことをしたいですか？

3つのポイントに絞り考えさせます。このことを通して自分たちで作るスピーチの構成を学んでいきます。

では構成を見ていきましょう。

Intro 何になりたいか 理由 その説明 例 どんなことをしたいか	Today, I'm going to tell you about my dream. I want to be a Japanese sweets cook because I love Japanese sweets. There are many kinds of Japanese sweets in Japan. They are colorful, healthy and delicious. We can also enjoy seasonal sweets, such as *sakuramochi* in spring and *mizuyokan* in summer. So I want to make my original Japanese sweets in the future. Thank you.

Step 5　友だち同士でインタビューをする

この活動では，インタビューを通して，将来の夢をふくらませていきます。中学2年時ではまだ将来の夢が職業としてはっきり言えない場合もあります。そのときは，今後してみたいことを話させます。

指導のポイント

インタビューのための表現を確認しておきます。ここでは2つ，何をしてみたいのか，そしてその理由です。

例）① What is your dream?　（あなたの夢は何ですか？）

　　　My dream is to 〜.　（私の夢は〜することです。）

　　Why do you think so?　（どうしてそう思うんですか？）

　　　Because I〜.　（なぜなら〜。）

　② What do you want to do in the future?

(将来何をしたいですか？)

I want to 〜. （私は〜したいです。）

Why do you want to 〜? （どうして〜したいんですか？）

Why? とたずねることで，ただなんとなく答えていた生徒は答えにつまります。そこがポイントです。スピーチではなぜそう思うのかを伝えることが，聞き手を意識することになります。説明や例が必要になることを実感させるようにします。

☆将来の夢がはっきりせず言えない生徒への対応

What do you like? Do you have any plans in 〜?

好きなことや近い将来の計画などでも良いことを伝え，誰もが活動に参加できるようにします。

Step 6　スピーチを作る

① インタビューの振り返り

インタビューをもとに，アウトラインをインタビューメモを利用して考えていきます。なりたい理由があいまいだった生徒はここで整理をしていきます。

例を見ながらスピーチ作りを考えていきましょう。

S1：What do you want to do in the future?

S2：I want to be a game creator.

S1：Why do you want to be a game creator?

S2：Because I like computer games very much. I want to make interesting games.

更に突き進んで以下のような質問ができればスピーチの内容が広がります。生徒に厳しい場合は教師や，その後のインタビュー振り返りメモで確認をします。

S1：What kind of games do you want to make?

S2：Ah, well, I want to make role playing games. I like fantastic stories.

S1 : What do you have to do to become a game creator?
S2 : I have to study computer science and art.

〈インタビューメモ〉

> What do you want to be?（何になりたいか？）
>   Game creator.　ゲームクリエーター。
> Why?（理由は？）
>   I like to play computer games very much.
>   I want to make role playing games.　RPGを作りたい。
> What do you have to do now?（いますることは？）
>   I have to study computer science and art.（コンピュータと美術の勉強。）

② スピーチで使う表現を学ぶ

インタビューメモからスピーチの原稿につなげるために，以下の表現を取り入れて，スムーズに表現できるように支援します。

チャンクでちゃんと伝えよう！

① Today, I'm going to tell you about my dream.
　　今日は私の夢について話をします。
② I want to _____ because .....
　　私は…なので_____をしたいです。
　I want to become_____. 私は_____になりたいです。
③ It's interesting to _____.
　　_____するのは興味深いです。
④ I like to _____.　〜するのが好きです。
⑤ For example,　たとえば，
⑥ So I have to _____ now to become _____ in the

future.
将来＿＿＿＿になるために今＿＿＿＿をしなければならない。

③ スピーチ原稿をつくる。

インタビューメモとチャンクを利用してできあがったスピーチを見てみましょう。

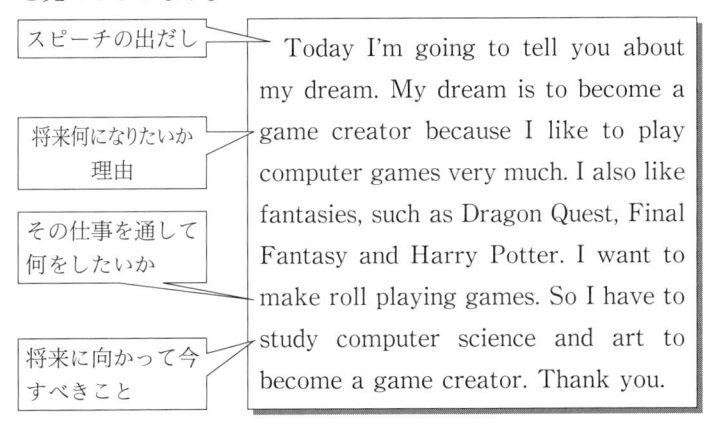

スピーチの出だし	Today I'm going to tell you about my dream. My dream is to become a game creator because I like to play computer games very much. I also like fantasies, such as Dragon Quest, Final Fantasy and Harry Potter. I want to make roll playing games. So I have to study computer science and art to become a game creator. Thank you.
将来何になりたいか 理由	
その仕事を通して 何をしたいか	
将来に向かって今 すべきこと	

Step 7　スピーチの発表

完成したスピーチをもとに、クラスで発表をし、意見交換を行います。質問やコメントを通して、再度自分のスピーチを振り返ります。説明や例が分かりづらかったら書き加えたり修正を行います。MY DREAM としてファイルにとじ込みポートフォリオにして評価につなげ、冊子にまとめることもできます。

「将来の夢」スピーチ作りまでの流れを整理すると、

① 英語によるインタビューを通して、将来の夢を語る場面設定と語彙の準備をする
② 将来の夢の会話とスピーチを聞き、モデルとする

③ 実際に友だち同士で将来の夢を聞き合う
④ インタビューの振り返りをする中で,スピーチ原稿のポイントを整理する
　　ア:何になりたいか
　　イ:その理由,説明
　　ウ:夢の実現に向けて今すること
⑤ チャンクを利用してスピーチ作り
⑥ スピーチの発表
⑦ スピーチの再構成

　本トピックではスピーチ作りということで,speaking と writing を融合させた指導法を提示しました。2年生の前半ということで,言語材料を不定詞の活用に絞りました。つなぎことばを順次指導していくことにより,さらにスピーチを進化させることも可能です。何になりたいかの理由説明の部分については,First, Second, Third のようなことばを利用することで,さらに理由について細かく述べ,論理的な文章構成をすることが可能となります。

【発展させたスピーチの構成例】

> 　　Today I'm going to tell you about my dream. I want to become a game creator. There are three reasons. First, _____. Second, _____
> _____.
> Third, _____
> _____. So I have to study computer science, art and stories to become a game creator. Thank you.

　このように学年や生徒の実態に合わせながら,スピーチの内容

や構成を工夫させることで，さまざまなスピーチを完成させることができます。**ポイントは書くことを通して「夢」というトピックをじっくり考える機会を与えることです。**

1-4 日本的事物の紹介（対象学年：中学2年生 タイプ：説明文）

多くの教科書で日本文化の紹介が取り上げられています。カード作りやスピーチなど，その扱い方は様々ですが，ライティングのトピックとして最適です。事物をことばで説明するには，どのような手順で，どのように展開していくと良いのか。高校段階でも扱われるこのトピックを，中学生レベルではどこまで可能なのか，以下の課題を通して見ていきましょう。

> 課題：あなたの住んでいる地区の観光協会から，海外の旅行者向けに「日本のおみやげベスト10」の冊子作りに協力してほしいと依頼がありました。あなたならどんなおみやげを選びますか。オススメの一品の魅力が海外の方によくわかるように説明してください。

Step 1 モデルの提示

ALT の先生が見本で示してくれた例をまず読ませ，どうしたら作れるのか生徒に見通しを立てさせてみましょう。

> *Origami* is a traditional Japanese art. We can make birds, flowers, boxes with paper. It's fun to make *origami*.（折り紙は伝統的な日本の芸術です。紙で鳥，花，箱などを作ることができます。折り紙を作るのは楽しいです。）

上に示すようなモデル文を作るために，どんな手順を知ってお

けば作れるか，生徒に考えさせます。

> ① なにを選んだらよいのか，アイディアの出し方を知る。
> ② 説明するために，適切な表現を知る。
> ③ 文の展開の仕方を知る。

これらの方法に沿って，自分で書けるように生徒を指導していきます。

Step 2　アイディアを出し，分類整理する

アイディアマップを利用して自分の考えを引き出し，分類整理する方法を生徒といっしょに考えていきましょう。

① アイディアマップを利用し「日本のおみやげ」の例を出していきます。アイディアを出しやすいように，「考えのきっかけ」となる問いを与えます。

例：どんなものが喜ばれる？　日本らしいものは？

② おみやげがリストアップされたら，相手にどう説明するか以下の2点について考えさせます。

ア) どのようなものかわかるように説明できる問いかけをします。例：具体的に説明すると？

イ) オススメの理由を説明することで，「おみやげ」の説明文が1文で終わらずまとまった文章に発展できます。

アイディアマップを活用する際には，まずクラス全員を対象に，黒板を利用し，教師主導でクラス全体に問いかけながら進めていくと，分類整理まで発展させることができます。慣れてくるとグループ単位や個人でも可能になります。

① 個人を対象に行う場合には，リストアップが有効です。時間を指定し，ゲーム感覚でアイデアの出た数を競わせるとクラス全体が盛り上がり，なおかつクラス一人一人が参加しているという実感が持てます。

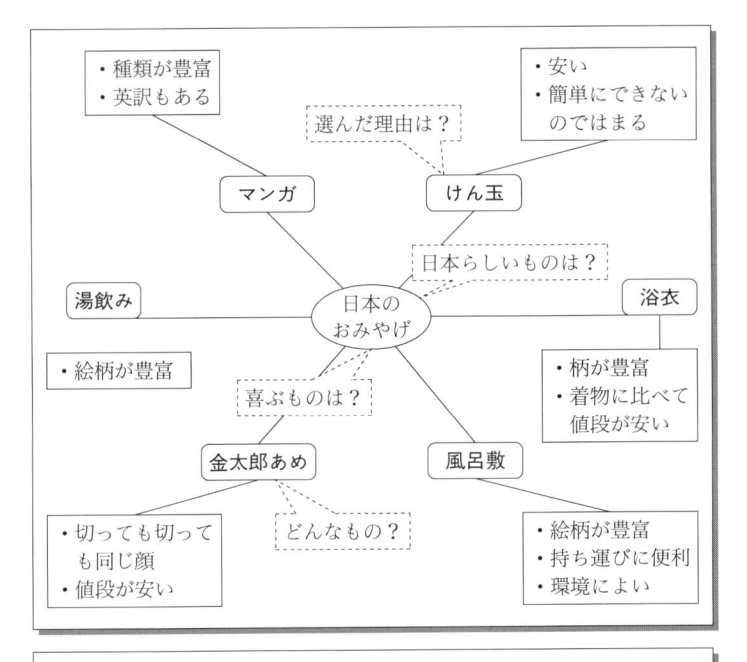

```
                ・種類が豊富              ・安い
                ・英訳もある              ・簡単にできない
                             選んだ理由は？   のではまる
                   マンガ           けん玉
                              日本らしいものは？
     湯飲み           日本の              浴衣
                    おみやげ
       ・絵柄が豊富               ・柄が豊富
                 喜ぶものは？       ・着物に比べて
                                値段が安い
                 金太郎あめ      風呂敷
     ・切っても切って   どんなもの？    ・絵柄が豊富
      も同じ顔                 ・持ち運びに便利
     ・値段が安い                ・環境によい
```

| 時間は3分です。「日本のおみやげ」としてよいものをできるだけ多く書き出してください。 |

出てきたおみやげをクラス全体で取り上げて，なぜ選んだのか？ 具体的にどんなものか？問いかけることで，アイデアマップと同じ活動が可能です。

② グループを対象に行う場合には，フリップ（カード）を活用します。オススメのおみやげを1つまたは3つに絞って選ばせることで，グループ内で話し合いを行わせます。この話し合いを通して，なにがいいか，なぜそうするのか考えさせます。その後プレゼン方式で教室の前でフリップを使ってクラスに紹介します。

> 各グループで「日本のおみやげベスト3」を話し合って、選んでください。指定時間は5分。その後クラス全体でプレゼンをするので、ベスト3をフリップに書いてください。「日本のおみやげベスト10」の候補にどのグループが採用されるか、このプレゼンにかかっています。
> 効果的なプレゼンのために、2つの条件を満たしてください。
> ① どんなおみやげか具体的にわかるように説明します。
> ② グループで選んだ理由を説明します。

Step 3 文章構成を考える

　アイディアマップやリストアップで出た「日本のおみやげ」のアイディアを英語にどうまとめていくか生徒とみていきましょう。

　Step 1 で生徒は「日本のおみやげ」のサンプルを読みました。そこで今回は、その文章が「どのような構成になっているか」という視点で見ていきます。クラス全体で問いかけたり、ワークシートを利用して個人で考えさせることもできます。

①おりがみが何かを説明している。

> *Origami* is a traditional Japanese art. We can make birds, flowers, boxes and so on with paper. It's fun to make *origami*.

③なぜそのおみやげを選んだかが説明されている。

②どんなことができるか、活用方法を説明している。

〈モデル文の構成〉

> ① おりがみについての全体的な説明
> ② どんなことができるか具体的な説明に発展

> ③ おりがみを「日本のおみやげ」に選んだ理由の説明

　モデル文の構成例が理解できたら，このパターン（型）を利用して，アイディアマップで取り上げた「おみやげ」の文章の構成を考えさせていきます。なお１年生初期段階では①のみ，１年後半から２年生には①，②を，３年生には①，②，③というように生徒の学習発達段階に沿って，文章の展開を発展させることも可能です。

Step 4　文章にまとめる

　文章構成のパターンが理解できたら，実際にアイディアマップで取り上げた「おみやげ」例を英文にまとめていきます。

指導のポイント

> ① 日本語で文章構成していかない。
> 　→自分の英語のレベルより高度な日本語を書いてしまう。
> ② チャンクを利用して，自分のアイディアを当てはめていく。

　教室現場で一番指導困難で時間がかかり，ライティングに時間をかけることに躊躇する原因がここにあります。アイディアをいかに文にしていくか，この課題を解決するためにチャンクを活用していきます。和文英訳で対応していくと，個々の指導が煩雑で，時間をかけた割にクラス全体で理解できない英文のレベルになってしまいます。**まずはチャンクで自分の考えを伝える型を身につけさせましょう。**

チャンクでちゃんと伝えよう！

> ① ＿＿＿＿ is a traditional Japanese (art, toy, food, cloth 等).
> 　　＿＿＿＿は伝統的な日本の（芸術，玩具，食べ物，服等）です。
> ② We can ＿＿＿＿ with it.

それで＿＿＿＿ができます。
③ It's fun(easy) to ＿＿＿＿＿ .
＿＿＿＿＿するのはおもしろい（簡単）です。
○学習者の学習段階に合わせて以下のようなチャンクも使えます。（中学3年生レベル）
・This is called ＿＿＿＿. （これは＿＿＿＿と呼ばれます。）
・It is used when you ＿＿＿＿. （＿＿＿＿する時に使います。）
・It is made of ＿＿＿＿. （＿＿＿＿＿でできています。）

　チャンクの他に語彙については，アイディアマップを利用してクラス全体で使用していく語をリストアップさせたり，辞書を積極的に活用していきます。

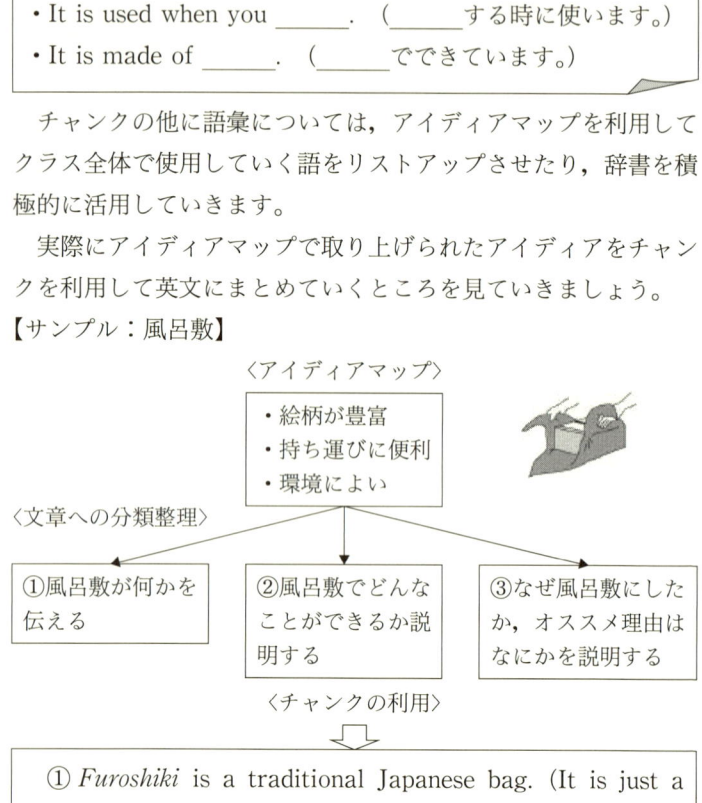

　実際にアイディアマップで取り上げられたアイディアをチャンクを利用して英文にまとめていくところを見ていきましょう。

【サンプル：風呂敷】

〈アイディアマップ〉

・絵柄が豊富
・持ち運びに便利
・環境によい

〈文章への分類整理〉

| ①風呂敷が何かを伝える | ②風呂敷でどんなことができるか説明する | ③なぜ風呂敷にしたか，オススメ理由はなにかを説明する |

〈チャンクの利用〉

① *Furoshiki* is a traditional Japanese bag. (It is just a cloth.) ② We can carry things in it. ③ We don't have to use paper bags, so it is convenient.

チャンクに思考のパターンを合わせていくようにすると，日本語の説明に終始することなく，すっきりまとめることができます。ここでは③の部分に改良が加えられています。なぜ便利なのかを説明するため ___, so ___ 部分を挿入しています。①，②までなら1年生後半までで書けます。

Step 5 フィードバックする

ライティングの指導で教師を悩ますことのひとつは，書いた後の指導です。ここでは個々の生徒が作りあげた作品をどのように教師がフィードバックをするか次の3点を紹介します。

① 教師が個々にフィードバック

学習者が書いた作品を回収し，教師が個々にコメントを行います。書きっぱなしにせず，**励ましのコメント**があると自己肯定感がわき，自信がつきます。文法的なことでコメントが必要であれば支援します。

② クラスでサンプルをあげてフィードバック

学習者が書いた作品を回収し，一度目を通しサンプルを何点かあげて，クラス全体でフィードバックしていきます。文法訂正に終始することなく，内容の評価をしていき，**互いに認め合う雰囲気を作りたい**ものです。

③ クラス全員でフィードバック

作った作品を教室の周りや黒板そして廊下に掲示し，クラス全体で見ていきます。コメント用紙に感想や更に良くするためのアドバイスを書いて相手に渡すことも可能です。インターネット環境があれば，掲示板を利用してコメントを打つこともできます。

ここまでの指導の手順をまとめると次のようになります。

① モデルを提示する
② アイディアを出し，分類整理する

③ 文章構成を考える
④ 文章にまとめる
⑤ フィードバックする

1-5 2つのことを比較しよう（対象学年：中学2年生　タイプ：説明文）

中学2年の中盤から後半にかけて，どの教科書でも比較の表現が扱われます。中学1年からさまざまな形容詞が教科書で取り上げられ，2年で2つのことを比較する表現へとつながります。これはその後論証問題といった，自分の意見を1つに決めて論理的に展開していく活動に発展させていくためにも大切になります。

ここでは比較表現を利用することを通して，2つの話題を比較するまとまった文章の書き方の指導法を考えていきます。

ここでの指導の流れは以下の通りです。

Step 1　グループ対抗で形容詞をたくさん出させる

① リストアップ：グループ対抗で形容詞を書かせる。

方法）・チョークをバトンにして列対抗戦で黒板に書かせる。
　　　・班を作り指定の用紙に書かせる。

例）big, short, large, beautiful, clean, long, easy, fun など

☆時間を2分や3分と明確に制限するとゲーム感覚になり，どの生徒も盛り上がり，協力し合う集団の雰囲気になります。

② 分類整理：①でリストアップしたものを，反対のもの同士でくくって整理させます。この活動で比較することを意識させます。語彙を増やすために辞書を利用することを伝えます。

```
big-small, long-short, beautiful-dirty, easy-difficult
fun-boring, hot-cold, old-new, dark-bright, heavy-light
simple-complicated, warm-cool, tall-short など
```

Step 2　2つのものを比べるトピックを考えさせる

話題を提供するために，項目を提示します。グループごとに考えさせると，さまざまなトピックが出てきます。

```
課題：以下の項目に沿ってできるだけたくさん2つの比べるものを書き出してみましょう。
①　2つの都市を比較しよう！
②　2つの乗り物を比較しよう！
③　2つの動物を比較しよう！
④　2つの果物を比較しよう！
⑤　2つのスポーツを比較しよう！
```

例)
①　東京―大阪，北海道―沖縄，東京―ソウル
②　車―電車，新幹線―飛行機，自転車―徒歩
③　犬―ねこ，人―サル，イルカ―サメ
④　りんご―みかん，メロン―すいか，バナナ―いちご
⑤　野球―サッカー，柔道―レスリング，バレーボール―バスケ

Step 3-1　2つのトピックから似ているもの，違うものをあげる

次ページの図を利用して，**Step 2** でとりあげた2つの項目の異なる点と共通点を書き出してみましょう。

```
┌─────────────────────────────────────────────────┐
│                  共通するもの                    │
│         ╭──────╮  ╭──────╮                      │
│  違うもの│      │  │      │違うもの              │
│         ╰──────╯  ╰──────╯                      │
└─────────────────────────────────────────────────┘
```

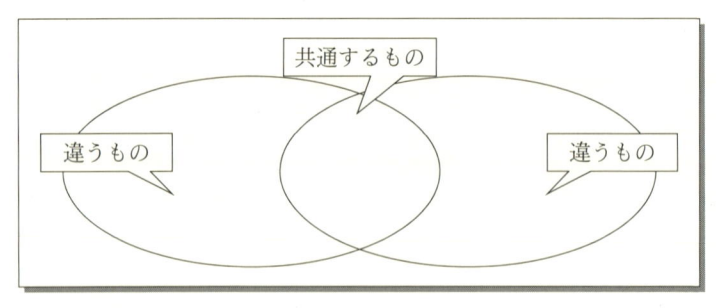

例1）都市

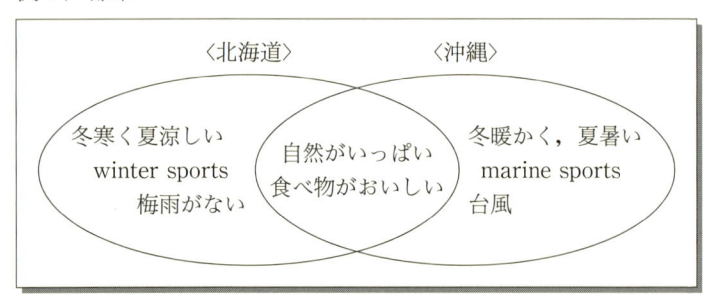

```
              〈北海道〉    〈沖縄〉
   ╭─────────────╮ ╭─────────────╮
   │冬寒く夏涼しい│自然がいっぱい│冬暖かく，夏暑い│
   │winter sports │食べ物がおいしい│marine sports │
   │梅雨がない    │              │台風          │
   ╰─────────────╯ ╰─────────────╯
```

例2）スポーツ

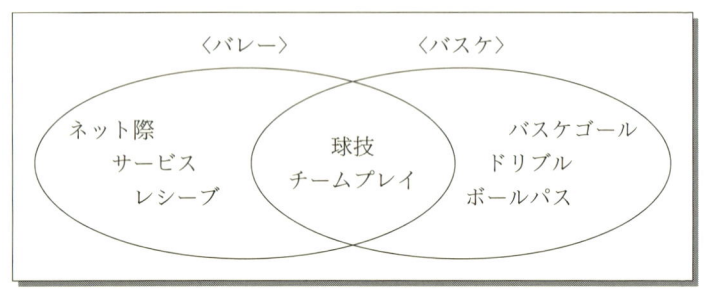

```
              〈バレー〉  〈バスケ〉
   ╭─────────────╮ ╭─────────────╮
   │ネット際     │  球技        │バスケゴール   │
   │サービス     │チームプレイ  │ドリブル       │
   │レシーブ     │              │ボールパス     │
   ╰─────────────╯ ╰─────────────╯
```

例題2つを通して，共通点と相違点について考える作業をみてきました。この活動はペアやグループ活動が適しています。考えの異なる人たち同士で話し合うことで，さまざまなアイディアが浮かびます。

Step 3-2　インタビューをする：**Which do you like better, A or B?**

　Step 3-1でとりあげたように図を使って，共通点と異なる点をあげる以外に，友だち同士でどちらが好きかをインタビューする活動を通し，異なる点と共通点を考えさせていく方法があります。
例)
S1：Which do you like better, Hokkaido or Okinawa?
S2：I like Hokkaido better.
S1：Why do you like Hokkaido better?
S1：We can enjoy winter sports in Hokkaido. For example, skiing and skating. How about you?
S2：I like Okinawa better because I like marine sports.
S1：What kind of marine sports do you like?
S2：I like swimming and scuba diving.
S1：In summer, Hokkaido is cooler than Okinawa.
S2：In winter, Okinawa is warmer than Hokkaido.

　このように比較し合う中で，異なる点や共通点を見いだしていくことが可能です。

Step 4　文章構成を読みとる：クイズ「あなたはどっち？」

　Step 3までで，2つの項目の共通点と異なる点をあげながら，「考える」という作業を行ってきました。教室現場では，ここまでの活動から「まとまった文章」を書かせるとなると，活動の目的が見失われがちになります。そこで書く必然性を持たせるために場面設定を行います。それが2つのトピックから最終的にどちらかを選ばせるクイズの形式をとることです。そうすることで作る側も読む側も目的を持って活動に当たれます。

① 　ALTによるモデル提示をする。

2つの都市の紹介	There are many famous places in Japan. Take Hokkaido and Okinawa, for example. Many people visit these two places. We can enjoy beautiful scenery both in Hokkaido and Okinawa. Hokkaido has many mountains and lakes. You can visit hot springs. In Okinawa you can swim in the clear sea. There are many tropical fish there. In summer, Hokkaido is cooler than Okinawa. In winter, Okinawa is much warmer than Hokkaido. You don't have to wear a coat. Both of them have good points. Which do you like better, Hokkaido or Okinawa?
2つの都市の共通点	
2つの都市の説明	
2つの都市の相違点	
まとめ	

スピーチを図式化したものが左に書かれています。文章構成を意識させるには，スピーチしたALTの原稿をプリントで配り，吹き出しを空欄にして，どんな構成になっているか考えさせると，流れをつかむことができます。ここでは北海道と沖縄の魅力というポイントで文章が書かれていることがわかります。

② チャンクを利用して **Step 3-2** と **Step 4** で使われる表現を整理します。

チャンクでちゃんと伝えよう！

Which do you like better, _____ or _____?　あなたはどちらが好きですか。

Why do you like _____ better?　あなたはなぜ_____が好きですか。

Tell me some examples.　いくつか例を言ってください。
I like ＿＿＿ better because ＿＿＿.　私は＿＿＿なので＿＿＿が好きです。
There are ＿＿＿ in ＿＿＿.　＿＿＿には＿＿＿があります。
You can see(enjoy, visit)＿＿＿.　あなたは＿＿＿を見る（楽しむ，訪れる）ことができます。
On the other hand,　一方で
Both of ＿＿＿　＿＿＿の両方とも

③　生徒による文章作り

課題：修学旅行で使うなら，バスと新幹線どちらがいいでしょうか。まずはバスと新幹線の良いところをあげて，どちらがいいか考えてみましょう。

　上記のような課題を利用して場面設定を行い，バスと新幹線の2つの交通機関を比較してみましょう。

〈インタビュー〉

S1：Which do you want to use, a bus or a bullet train?
S2：I want to use a bullet train.
S1：Why?
S2：Because it is very fast. How about you?
S1：I want to use a bus because we can enjoy karaoke and videos on the bus.
S2：We don't have to worry about traffic jams.

　会話を通して出てきた内容を図（次頁）を利用して整理していきます。

　ここまでで2つのトピックの比較をALTの紹介のものと，実

【図で整理】

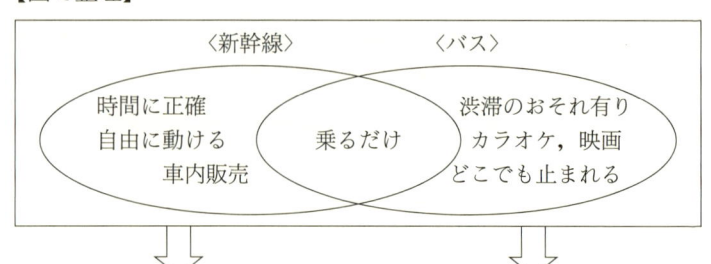

〈新幹線〉　　〈バス〉

時間に正確
自由に動ける　　乗るだけ　　渋滞のおそれ有り
車内販売　　　　　　　　　　カラオケ，映画
　　　　　　　　　　　　　　どこでも止まれる

⬇　　　　　　　　　　　　　　⬇

- A bullet train is faster than a bus.
- We don't have to worry about traffic jams.
- We can buy snacks and drinks in the train.
- We can walk in the train.

- We can ask drivers to stop the bus when we want to stop.
- We can enjoy karaoke and videos in the bus.

⬇

| 2つの交通機関を紹介 |
| 新幹線の良い点を紹介 |
| バスの良い点を紹介 |
| まとめ |

　Which do you want to use, a bus or a bullet train when you go on a school trip? Both of them have good points and bad points. A bullet train is faster than a bus. You don't have to worry about traffic jams. You can walk in the train. On the other hand, a bus is more convenient than a bullet train. You can ask bus drivers to stop when you want to stop. You can also enjoy karaoke and videos in the bus. Which do you choose, a bus or a bullet train?

際に生徒に活動させるときのものの2種類を提示しました。これまでの流れを整理すると,

> 1．形容詞をリストアップする。
> 2．リストアップした形容詞を反対のもの同士で分類整理する。
> 3．2つのトピックをジャンル別にあげさせる。
> 4．モデルスピーチを聞く。
> 5．スピーチの構成をグループで振り返る。
> 6．場面設定を行い,2つのトピックをインタビューし合う。
> 7．インタビューの結果を図式にして分類整理する。
> 8．文章の構成をチャンクを利用して考える。
> 9．文章をまとめる。

ここでのトピックは2つのものを比較するというものでした。この活動を発展させることで,文章構成を意識したパラグラフへと指導が進んでいきます。

1-6　学校紹介（対象学年：中学3年生　タイプ：説明文）

ここでは,中学校の教科書でも取り上げられている「学校紹介」をトピックにします。学習者に身近な話題であり,どの学習者であっても書けるトピックです。ただ,書かせるときにはなぜ英語で書くのか不自然にならぬよう場面設定を工夫する必要があります。「書きたい！」「教えたい！」「読んでもらいたい！」と学習者をその気にさせられたら,情意面で成功です。**トピックとその与える設定が,ライティングの指導で非常に重要な要因と言えます。**ライティングもコミュニケーションであることを再認識させたいところです。

指導のポイント

中学 3 年生を対象にしたこのトピックでは，**紹介したいことと，その理由を書かせる**ようにしましょう。その際，学習者が考えを整理しやすいように，また指導する側があとで平等に評価しやすいように，紹介する点を 3 点に絞りましょう。こうすることで学習者はいくつ紹介するかあらかじめ明確になるので，アイディアを考える際に整理しやすくなります。4 つ以上では煩雑なイメージになりがちです。またトピックを書かせた後に，「学校自慢ベスト 3」として，意見をまとめることも可能です。

Step 1　トピック提示

　トピックを提示するに当たり，指導者は場面設定を「学校ブログづくり」として以下のように発問をし，用紙を配布します。

> みなさん，今日はオーストラリアの姉妹校に，私たちの学校「弥生町中学校」を学校ブログを使って紹介しましょう。これから配る用紙はインターネット委員会から届いたものです。読んでください。

学習者へ提示する配布物は以下の通りです。

> 課題：弥生町中学校のインターネット委員会では，学校ブログページに英語版を作りたいと考えています。英語のブログページを作るに際して，まず「弥生町中学校」の学校紹介を作る予定です。そこで「弥生町中の学校紹介」の英文を募集しています。みなさんにとっての弥生町中学校はどんな学校ですか。私たちの学校を自慢するとしたら，どんなことを紹介しますか。インターネット委員会からの条件は，学校自慢を 3 点，理由も含めて書くこと。あなたなりの「弥生町中学校」の学校自慢の文を英語で書いて，インターネット委員会に応募してください。

Step 2　アイディアの出し方

　これまでの現場での指導では，このアイディアの出させ方が非常に指導しづらい点でした。トピックを与えて，すぐに書かせたり，学習者自身にまかせっきりになり，なおざりにすることが多かったかもしれません。アイディア産出法は「英語教育」とは別物と考えられるかもしれませんが，**私たちが狙っているライティングは「思考力を鍛える」点もあります。しっかり「考え」，「意見を書く」からこそ，その人なりのライティングになるのです。**
4章でこれまで紹介してきたように，ここでも「総合的な学習の時間」で多く用いられているアイディアマップを利用してアイディアを出させていくこととします。

　まずやり方を確認させる上でも，クラス全体で行わせたいところです。こうすると，自分が発言しなくても仲間の考えを聞くことでアイディアをしだいに膨らませる準備をさせることができます。慣れている場合はグループや個人で行ってもかまいません。またアイディアを出す際には日本語でかまわないことを告げることで，学習レベルの差に関係なく授業に参加でき，たとえ英語が苦手でも授業に貢献できます。ALTとのティームティーチングであれば，ALTにアイディアとして出された項目を英語にしてもらうことも可能で，不足した語彙力を補うことも可能です。

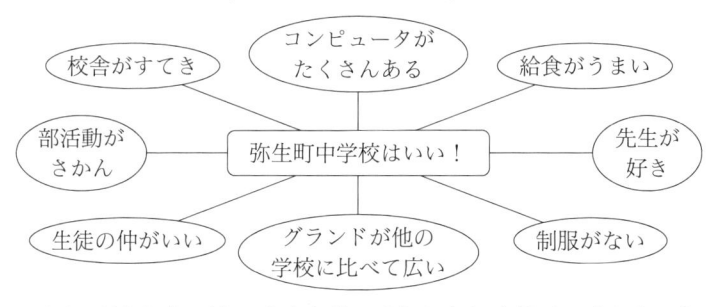

```
        コンピュータが
  校舎がすてき   たくさんある    給食がうまい

  部活動が                              先生が
  さかん      弥生町中学校はいい！      好き

  生徒の仲がいい  グランドが他の    制服がない
                  学校に比べて広い
```

　ここでは3点に絞ってアイディアをこまかく見ていくことにし

ます。①校舎がステキ，②先生がスキ，③制服がない。理由を3つに絞ります。さてここからが指導する側にとって重要な部分になります。このままでは，理由が3つ出されてはいますが，なぜその理由をあげるのか明確にされていません。そこで指導する側は，学習者に以下のように投げかけ（heuristic questions）をしてみましょう。その問いが契機となって学習者はさらに「考える」ことができます。

では，その問いの投げかけと，予想される学習者の反応を下の図で見てください。

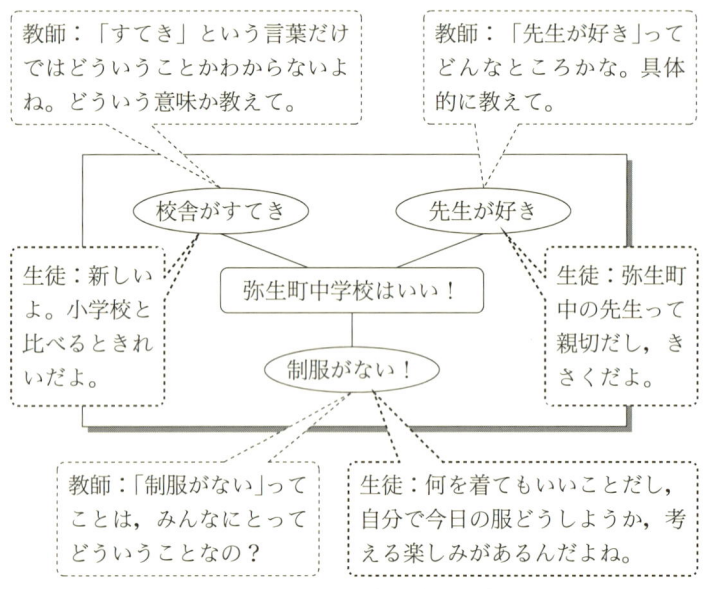

教師：「すてき」という言葉だけではどういうことかわからないよね。どういう意味か教えて。

教師：「先生が好き」ってどんなところかな。具体的に教えて。

校舎がすてき　　先生が好き

弥生町中学校はいい！

制服がない！

生徒：新しいよ。小学校と比べるときれいだよ。

生徒：弥生町中の先生って親切だし，きさくだよ。

教師：「制服がない」ってことは，みんなにとってどういうことなの？

生徒：何を着てもいいことだし，自分で今日の服どうしようか，考える楽しみがあるんだよね。

指導する側のポイントは，学習者の考えを促すためのヒントを与えることです。あいまいな表現をより具体的にさせることが肝心です。そのためのキーワードとして「具体的にどういうことか？」。つまり具体例を出させたり，より詳しく説明させることです。そして学習者の挙げていったアイディアをキーワードとし

て黒板に書き入れていきます。ここで ALT がいれば英語に直してしまってもかまいません。語彙がここで増強されます。アイディアマップに慣れてきた学習者には，指導する側の問いの投げかけを，自分自身でさせたいところです。

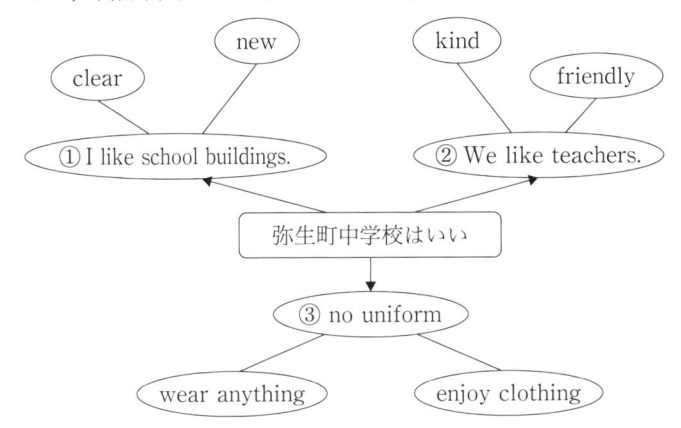

```
        new              kind
  clear                        friendly
    ①I like school buildings.   ②We like teachers.
              弥生町中学校はいい
                 ③ no uniform
         wear anything    enjoy clothing
```

1回目のアイディアマップ（P.109）を通して，私たちの学校の自慢できる点があがりました。2回目のアイディアマップ（上記）で，なぜその理由を挙げたのか，具体的な説明が付け加えられました。

では次に，1回目のアイディアマップであがった理由を英文にしてみましょう。

> 1) I like school buildings.
> 2) We like teachers.
> 3) There is no school uniform.

2回目のアイディアマップで付け加えた詳しい説明も英文にしてみましょう。

> 1) School buildings are new. School buildings are clean.

> 2) Teachers are nice. Teachers are kind.

> 3) We can wear anything. We can enjoy clothing.

アイディアマップの際に黒板に日本語だけでなく，キーワードとなる語句を英語で挙げておくことで，上記の英文に直す作業がスムーズに進みます。特に中学生はこの段階でつまずいてしまうことが予想されます。語彙の点で指導する側があらかじめそのトピックに関連したものを挙げておいたり，随時黒板に示しておくことが肝心です。また日本語をそのまま英語に直そうとする傾向があるため，どうしても英語にするとおかしな表現が出てきます。既習の表現を最大限利用して書くことを心がけさせましょう。

Step 3　書いてみる

次にどのように文章の形にしていくか考えさせていきます。まずは，Step 2までで完成させた英文を並べて学習者に提示し，どのような印象を持つか，「気づき」を促してみます。

> **I like school buildings.** School buildings are new. School buildings are clean. **We like teachers.** Teachers are nice. Teachers are kind. **There is no school uniform.** We can wear anything. We can enjoy clothing.

太字：理由　下線：理由の説明

次に示すのは上記の英文サンプルを見せたときに予想される学習者の反応と，そのつぶやきに対する指導する側のコメントです。

生徒：先生，教えてください。
一文一文は間違っていないし，きちんと並べたのに，なんだか変な感じがするし，何を言っているか分からなくなってしまいました。

教師：そうですね。文章の量はたくさん書いてあっても，意味が通らない。つまり文と文がつながっておらず，読み手は書き手の意図を推しはかれませんね。ではその解決策を一緒に考えていきましょう。

　学習者にとっては，どのような英文を書いたらよいのか，そのサンプルのインプットが非常に少ないのが現状です。ですからどういったものが悪い例で，どれが望ましいのか判断ができないのです。目標がなくては，どこへ進むか路頭に迷ってしまいます。ここでは，ひとまず一つ一つの英文は問題なく完成させたので，あとはつなげるだけが問題となります。ところが**ただ単に英文を順番に並べただけでは，意味が通りづらい，あるいはその文章のかたまり全体で何を言おうとしているか判断できないことを，身をもって体験させることがねらいです**。授業で主に基本文の練習をしている学習者にとって，文全体としてつながりを考えさせる有効な課題となります。では，指導する側のフィードバックを見ていきましょう。

Step 4　アウトラインを作る

　「アウトライン」は，アイディアを分類整理し，まとまった文章にする設計図のようなものです。この設計図がしっかりしていれば頑丈な文章を構築できます。このアウトラインが出来ていなければ，もろい文章になってしまうということです。高校生レベルになると，すぐに英文を書き出してしまう傾向があります。**まずは「アウトライン」を作らせ，ゴールセッティングできたところで，書き始めさせるようにしましょう。**

> 肝心の「何を言おうとしているか」伝えたい話題が何かを書く必要がありますね。

> 読み手にとって、どのように話が展開されていくか、見通せるようにあらかじめ理由がいくつあるか伝えたいですね。これによって読み手は話のゴールが見えてきます。

I like school buildings. School buildings are new. School buildings are clean. **We like teachers.** Teachers are nice. Teachers are kind. **There is no school uniform.** We can wear anything. We can enjoy clothing.

> どこからが理由なのか、分かるように、順序をあらわす『つなぎことば』first, second, third を理由のはじめに入れてみましょう。

> 結局、何について書いていたのか読み手にはっきりさせるために、文章を締めくくる部分が欲しいですね。

<u>アウトライン</u>

主張（言いたいこと）：Yayoicho Junior High School is a very good school.

理由1：The school buildings are good.
　具体例：School buildings are new.
　　　　　School buildings are clean.

理由2：The teachers are good.
　具体例：Teachers are nice.
　　　　　Teachers are kind.

理由3：There is no school uniform.
　具体例：We can wear anything.

> We can enjoy clothing.
>
> 結論：We like Yayoicho Junior High School very much.

Step 5　リライト（書き直し）をする

　フィードバックをもらったところで，活動を終わらせてしまうと結局完成せずに初稿のままで終わってしまいます。そこでフィードバックをしたら，必ず書き直し（リライト）をさせるようにしましょう。このことで文の正確さや文章構成などについて再度学習者は見直す機会を得ることになります。

　フィードバックで挙げられていた「つなぎことば」について，書き直しをさせるときにクラス全体で確認をしておきましょう。一度覚えると学習者はどんどん使いこなしていけます。

【完成版】

> Yayoicho Junior High School is a very good school. There are three reasons. **First,** the school buildings are nice. They are very new and clean. **Second,** the teachers are excellent. They are very nice, and they are very kind to us. **Third,** there is no school uniform. We can wear anything we like. I like that. **For these reasons,** we like Yayoicho Junior High School very much.

　ここまでの指導の流れをまとめると次の通りです。
① トピックを提示し，生徒に書く目的をもたせる。
② アイディアを出す。
③ サンプルを利用してアイディアを文章の形にする。
④ アウトラインを作って文章構成を考える。
⑤ 書き直しをする。

1-7 修学旅行で行き先どちら？（対象学年：中学3年生　タイプ：説明文）

これまで「まとまった」文章について少しずつ分量を増やし，さまざまなトピックで書く指導法を見てきました。ここではいよいよパラグラフとして，つなぎ言葉も取り入れながら，論理的な文章を書く活動を行います。日本では修学旅行は学年全体でバスや電車または飛行機を使って出かけることがほとんどです。海外の状況はどうなのでしょうか？　ALTの出身の国と比較することで，日本人の英語学習者が修学旅行をトピックに取り上げ意見を発表する場面が設定できます。指導の流れは以下の通りです。

課題：修学旅行先の候補が2つあります。1つは会津，もう一方は京都です。ALTの先生も一緒に参加します。あなたはどちらを選びますか。その理由も含めてALTの先生に説明してください。

Step 1　アイディアを出す

アイディアマップを利用して候補地の魅力を出していきます。この活動を通して，候補地を選んだ理由や説明などを分類整理していきましょう。

① アイディアマップとして会津の魅力が書き出されます。授業では黒板を使ってクラス全体で考えたり，グループごとに行うこともできます。

② アイディアマップに書き出された項目を，同類項同士でまとめていくことで分類整理をします。

指導のポイント　ばらばらに出てきた項目を同じ仲間同士でくくり，その仲間同士にラベル（インデックス）をつけるとしたらどうしたらいいか考えさせると，分類整理がスムーズにいきます（3章参照）。

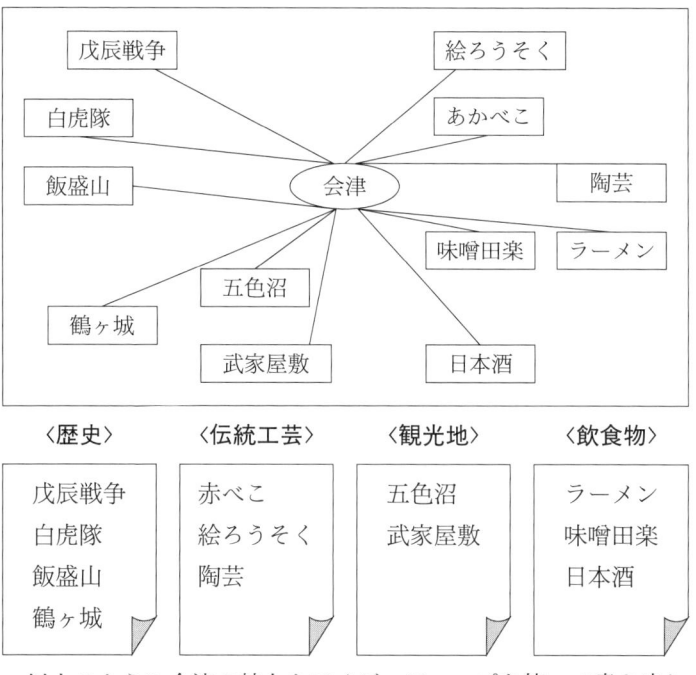

```
       戊辰戦争            絵ろうそく

  白虎隊                あかべこ

  飯盛山         会津              陶芸

                        味噌田楽  ラーメン
            五色沼
  鶴ヶ城
         武家屋敷    日本酒
```

〈歴史〉　　〈伝統工芸〉　〈観光地〉　〈飲食物〉

戊辰戦争	赤べこ	五色沼	ラーメン
白虎隊	絵ろうそく	武家屋敷	味噌田楽
飯盛山	陶芸		日本酒
鶴ヶ城			

　以上のように会津の魅力をアイディアマップを使って書き出し，分類整理することで，文章構成のベースが完成します。

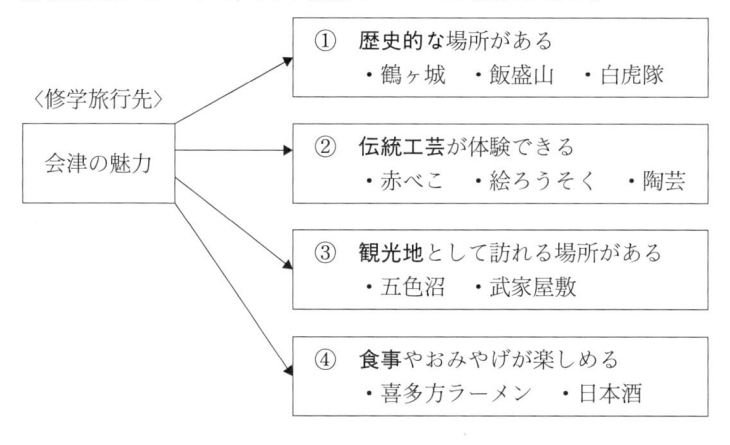

〈修学旅行先〉

会津の魅力

① **歴史的な**場所がある
　・鶴ヶ城　・飯盛山　・白虎隊

② **伝統工芸**が体験できる
　・赤べこ　・絵ろうそく　・陶芸

③ **観光地**として訪れる場所がある
　・五色沼　・武家屋敷

④ **食事**やおみやげが楽しめる
　・喜多方ラーメン　・日本酒

第4章　ステップを踏んだパラグラフ・ライティングの指導

実際の場面ではたくさんの魅力が出てくるかもしれません。そこで，アイディアを整理する上で以下の指示を与えてみます。
「会津の魅力ベスト3を選んで見よう」
こうすることで，アイディアが精選されます。

〈会津の魅力とは？〉

> ・白虎隊は会津のシンボルだから外せない
> ・班別行動で街中を歩きたいから，観光地について触れたい
> ・体験学習はおもしろいから紹介したい
> ・食べ物もおいしそうだから入れたいけど，観光地の中にまとめて入れられないかな？

Step 2　「まとまった文章」を作るための構成を考える

　アイディアマップでアイディアを出し，分類整理で会津へ行きたい魅力を3つに絞れました。つぎに自分の言いたいことを論理的に展開し，読み手が納得のいくように文章を組み立てる必要があります。ここではパラグラフについて考えてみます。以下のような指導の流れです。

　パラグラフをハンバーガーと考えてみましょう。

> Q：ハンバーガーはどのように作られていますか？
> 　　A：ハンバーグとレタスやトマト，チーズもあります。
> 　　A：バンズというパンで挟まれています。

☆ハンバーグと絶妙な組み合わせでないとおいしさが半減です。
　→文章も関係のないものが入るとまとまり感がなくなります。
　→この部分が言いたい内容の理由や説明です。
☆上下をパンで挟まないとハンバーガーになりません。

→肝心の自分の主張と結論がないとまとまった文章が完成しません。

つまり主張と結論というパンの間に理由や説明といった具材が挟まれているのです。一番大切なのが主張をあらわす上のパンであり，結論をあらわす下のパンがなければ，ただのハンバーグで，ハンバーガーになりません。図にして確認しましょう。

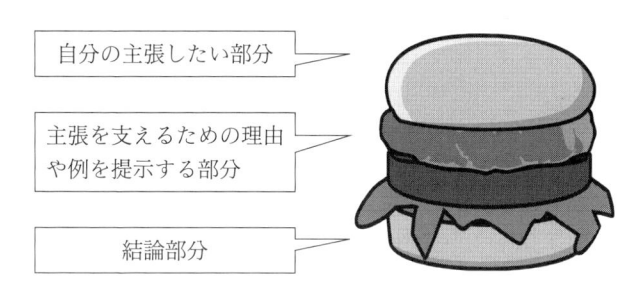

- 自分の主張したい部分
- 主張を支えるための理由や例を提示する部分
- 結論部分

このように3段階構成になっていることを具体的なたとえで紹介すると学習者には理解しやすいでしょう。次に先ほどアイディアマップで整理した部分を3段階構成でまとめてみると次のようになります。

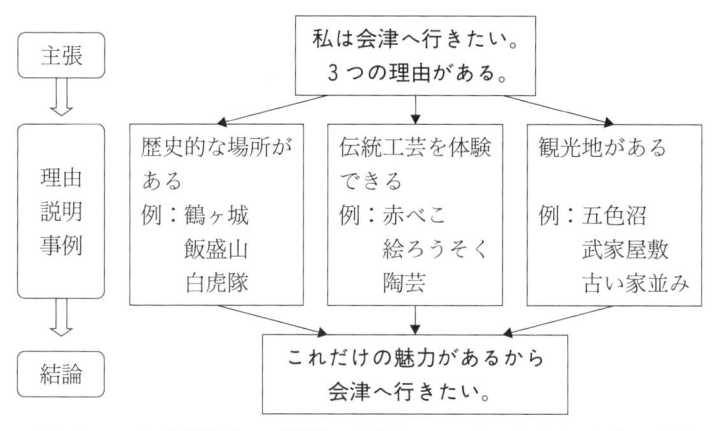

主張	私は会津へ行きたい。3つの理由がある。		
理由 説明 事例	歴史的な場所がある 例：鶴ヶ城　飯盛山　白虎隊	伝統工芸を体験できる 例：赤べこ　絵ろうそく　陶芸	観光地がある 例：五色沼　武家屋敷　古い家並み
結論	これだけの魅力があるから会津へ行きたい。		

ではチャンクを利用して英語で表現していくこととします。日本

語をそのまま英語にしようとすると生徒の理解を超える英文が完成し,ライティングによるコミュニケーションが展開しづらくなります。語彙に気をつけつつ,中学生として使える表現を選ばせていきます。

チャンクでちゃんと伝えよう！

There are ＿＿ in ....　…には＿＿がある。
We can ＿＿ there.　そこでは＿＿ができる。
It is famous for ＿＿.　それは＿＿で有名である。
＿＿ is well known among(in)＿＿.　＿＿は＿＿によく知られている。
made in ＿＿　＿＿で作られた

チャンクを利用して作ると以下のようになります。

| 主張 | I want to visit Aizu in Fukushima. |

| 理由1 | There are many historical places there. There are Tsurugajo Castle and Mt. Iimori there. Byakkotai, young soldiers are very famous. They are well known in Japan. They died at Mt. Iimori. |

| 理由2 | Aizu has a lot of traditional handicrafts. Akabeko and Japanese candles are popular among teenagers. We can make them too. We can draw pictures on Japanese candles made in Aizu. |

| 理由3 | We can visit many wonderful places to see. Goshi-kinuma is a beautiful lake. When you go to the down- |

結論 ▷ town of Aizu, you can see traditional Japanese houses.

結論 ▷ There are many good places to see and to visit in Aizu. I want to go there.

Step 3　つなぎことばを利用する

　まとまった文章という体裁をつくり，流れがスムーズに行くように「つなぎことば」を利用します。

1　理由を提示するための表現
　　There are ＿＿＿ reasons. We have ＿＿＿ reasons.
2　理由を順序立てて説明するための表現
　　First, ＿＿＿＿＿＿. Second, ＿＿＿＿＿＿.
　　Third, ＿＿＿＿＿＿. Lastly, ＿＿＿＿＿＿.
3　例を説明するために使う表現
　　For example, ＿＿＿＿＿＿.
4　結論を最後に導き出すための表現
　　For these reasons, ＿＿＿＿＿＿.
　　That's why ＿＿＿＿＿＿.　Therefore, ＿＿＿＿＿＿.

ではつなぎことばを利用して，「まとまった文章」の形にしてみましょう。

理由1／例 ▷ I want to visit Aizu in Fukushima. There are three reasons. First, there are many historical places there, such as Tsurugajo Castle and Mt. Iimori. Byakkotai, young soldiers are very famous. They are well known in Japan. They died at Mt. Iimori. Second, Aizu has a lot of traditional handicrafts. Akabeko and ◁ 理由2

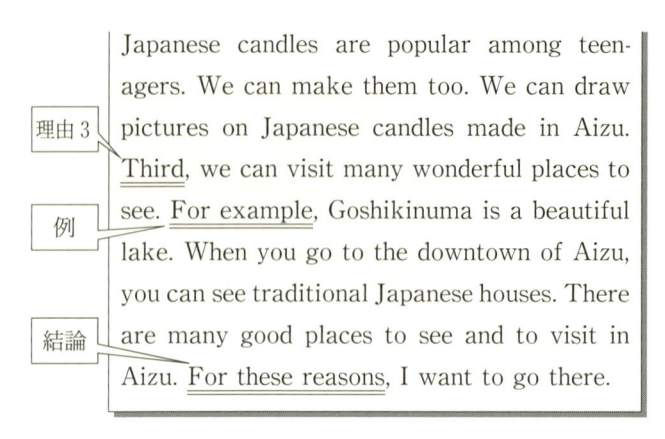

> Japanese candles are popular among teenagers. We can make them too. We can draw pictures on Japanese candles made in Aizu. <u>Third</u>, we can visit many wonderful places to see. <u>For example</u>, Goshikinuma is a beautiful lake. When you go to the downtown of Aizu, you can see traditional Japanese houses. There are many good places to see and to visit in Aizu. <u>For these reasons</u>, I want to go there.

（理由3／例／結論）

アイディアを整理し，文章構成を意識するだけで，一気に分量は増え，論理的な構造に変容します。

Step 4　読み手を意識するためのペア活動をする

一度できた文章は，独りよがりになっているかもしれません。そこでペア活動を行い，主張を支える理由は妥当か，その理由を説明する部分は十分か検討する必要があります。

Step 3を振り返ってみます。

<u>Second</u>, Aizu has a lot of traditional handicrafts. Akabeko and Japanese candles are popular among teenagers.

> あかべこやろうそくが若者に人気の理由がわかりません。

Goshikinuma is a beautiful lake.

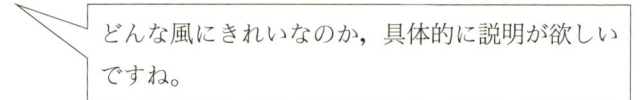

> どんな風にきれいなのか，具体的に説明が欲しいですね。

それらのコメントに対応して書き直しをすると，

> I want to visit Aizu in Fukushima. There are three reasons. First, there are many historical places there, such as Tsurugajo Castle and Mt. Iimori. Byakkotai, young soldiers, are very famous. They are well known in Japan. They died at Mt. Iimori. Second, Aizu has a lot of traditional handicrafts. Akabeko and Japanese candles are popular among teenagers. <u>They aren't so expensive to buy.</u> We can make them too. For example, we can draw pictures on Japanese candles made in Aizu. Third, we can visit many wonderful places. For example, Goshikinuma is a beautiful lake. <u>It is famous for colorful water.</u> When you go downtown in Aizu, you can see traditional Japanese houses. There are many good places to see and to visit in Aizu. For these reasons, I want to go to Aizu.

このようにペア活動を行うことで，自己表現といった，ただ自分の気持ちだけを書くレベルから，説明文として読み手を意識したレベルに発展させることができます。

「修学旅行，いくならどっち？」説明文作りまでの流れを整理すると，

> ① アイディアマップを利用して，会津という話題から魅力を引き出す。語彙に利用。
> ② アイディアを分類整理して，理由なのか例なのか選別する。
> ③ 文章構成を意識して文の構成を考える。
> ④ チャンクやつなぎ言葉を利用して，パラグラフを構成する。
> ⑤ ペア活動を通して，パラグラフを練り直し，説明不足を補う。

ここまでできたパラグラフは，スピーチやハンドアウトの原稿と

して印刷などして，聞き手や読み手とのコミュニケーションにつなげていきます。こうすることで，**書いたものが自己表現にとどまらず，相手を意識した文章として生きてきます。**

1-8 あなたの休日の過ごし方，家でのんびり型それとも外出型？
（対象学年：中学3年生　タイプ：論証文）

ここで，これまでの指導法を振り返ります。
① heuristic questions を利用したペアによるアイディアの発見方法の指導の仕方
② アイディアマップを利用したアイディアの出し方
③ アイディアマップで出てきたアイディアの分類整理の仕方
④ つなぎことばやチャンクを利用したまとまった文章（パラグラフ）の構成の仕方
⑤ ペアによる書き上げた原稿のフィードバック（peer evaluation）について

以上の5点について見てきました。今回は実際の授業の流れに沿いながら，学習者の文法的な部分にも指導を入れるにはどうしたらよいか触れていきます。指導の流れは以下の通りです。

> **Step 1** ALT との会話を聞いて，どんなトピックが話されているか確認し，場面設定を行います。
>
> **Step 2** 実際にトピックについてまず書かせた上で，何ができて，何ができないか学習者自身に振り返らせます。
>
> **Step 3** 書いたものについて学級全体でどのようにフィードバックをしたらよいか考えます。
>
> **Step 4** アイディアマップで考えを分類整理し，アウトラインへつなげます。

> **Step 5** チャンク，つなぎことばを利用してまとまった文章を作っていきます。
> **Step 6** ペア活動を通して，お互いに読みあって，説明不足がないか，構成はきちんとしているかチェックリストを利用して見ていきます。
> **Step 7** 互いの意見を発表し合います。

ではそれぞれのステップごとに指導を見ていきましょう。

Step 1 トピックの導入

ALTとJTEの会話を通して今回のトピックについて導入していきます。ただしALTがいない場合は，JTEと学習者で会話を進めていくこととします。

JTE：What are you going to do this weekend? Do you have any plans?
ALT：Well, I am going to go shopping in Narita.
JTE：Do you often go shopping on weekends?
ALT：Yes.
JTE：Do you like going outside on holidays?
ALT：Yes. I usually go outside on holidays.
JTE：Why?
ALT：I work at school during the week, so I want to go outside on weekends.

以上のような会話を通して学習者は，今回のトピックについて事前におおまかに把握ができ，使われる表現がインプットされます。この段階はpre-writingとなります。

Step 2　実際に書いてみる

> 課題：あなたは休日を過ごすとしたら外出するほうが好きですか，それとも家にいるほうが好きですか。自分の意見を理由を含めて書いてください。20分間で辞書を使わずに書いてみよう。
>
> Which do you like better, staying at home or going outside on holidays?

　この段階では実際にトピックについて書いてみることで，自分の考えを形にし，再度振り返ることとします。ですからこの課題のあとに，振り返り（内省記述）を書かせることとします。

> 　　課題を解いているときにどんなことを考えて書いていましたか。振り返って日本語で書いてみましょう。英語で表現できなくて，書けなかったことも日本語で書いてみてください。

このような流れで，まず書かせてみます。どのような結果になるでしょうか？ここでは実際に学習者が書いた例と内省記述を見ながら，対処法を考えていきましょう。

〈サンプル1〉

> I like better going outside than staying at home on holidays. There are two reasons. First, I like to go shopping. I go shopping with my family every Sunday. Second, I enjoy playing sports with my friends. For example, bowling, basketball and so on. There are two reasons so, I like better going outside than staying at home on holidays.

文章構成ができていますが，文法的な誤りもあります。

〈サンプル1　内省記述〉

> つづりがわからないものがあった。(バドミントンとかボーリングなど) いちばん最後の文がわけがわからなくなった。

ここではパラグラフの最後の結論の書き方で困っていることが分かります。

〈サンプル2〉

> I like going outside on holiday. There are two reasons. First, it is interesting for me to go shopping. It is very fun!! Second, I always go to outside with my family. We go to park, restaurant, homecenters, and so on. So, I like going outside on holidays.

文章構成を意識して、つなぎことばも取り入れています。ただ理由付けがあいまいです。

〈サンプル2　内省記述〉

> 「天気の良い日。太陽の光を浴びるのは気持ちいい」が書けなかった。7文しか書けなかった。「外で食べる昼食はとてもイイ」も書けなかった。また「景色や環境・体に良い」なども書きたかった。

Step 3　フィードバックする

　書いたものについて学級全体でどのようにフィードバックをしたらよいか考えます。

指導のポイント

① Step 2で書かせたものを教師が目を通し、典型的な誤りをリストアップします。(ALTが常勤のところでは、協力してもらうと時間が節約できます。)

② ハンドアウトを利用し、クラス全体でどのように訂正したら

よいか話し合います。(黒板を利用して何点かに絞って指導することも時間的に制約がある場合は有効です。)
③　学習者が自分の誤りをクラス全体で直されることで，負担がかかることが予想されますので，**書き手が誰かは紹介しない，一部内容を変えるなどの配慮**を学習者の実態に合わせて行ってください。

典型的な誤りの例を見ていきましょう。(＊印＝誤文)

1)　動詞に注意が必要な例

　　*It very beautiful.

　　*I'm always go shopping on holidays.

　　*I'm playing tennis on holiday.

2)　文を作るとき，日本語の発想のままですぐ書き出そうとした例。主語を考え，ふさわしい動詞をみつけましょう。

　　*Soccer can't staying at home.

　　*Going shopping is tired.

　　*Studying at home doesn't have enjoying.

　　*Playing outside has a good time for me.

　　*Walking outside is able to find something in outside

3)　接続詞の使い方について

　　*I like going outside on holidays. Because I'm interested in sports.

　　*And, playing outside is good for health.

　　*But, staying at home is better than going outside.

1)〜3)の例は実際に学習者が書いた誤りです。このように提示をすることで，どこがおかしいのかクラス全体で考えさせ，個人にフィードバックをしていきます。こうすることで，再度自分が書いた文章を見直す力が養われます。また接続詞を使う際のコンマの付け方なども確認したいところです。以下のようなハンドアウ

トを利用し，文法項目にも目がいく指導を行うことができます。
【コンマのつけ方】
　文章を書く時によく使われる3つの例をここで紹介します。
① 　3つ以上の単語を並べるとき
　　例）I like soccer, basketball, and tennis.
　　　（私はサッカー，バスケ，テニスが好きです。）
② 　and　but　so などを使って文と文をつなぐとき
指導のポイント　コンマは，and, but, so の直前に来ます。後ろにつけてはいけません！

| A_____, and B_____. |

例）A Junior High School students are friendly, and teachers are kind.（A中学校の生徒は気さくで先生方は親切です。）

| A_____, but B_____. |

例）I want to become a professional manga artist, but it is not easy for me.（私はプロの漫画家になりたい，しかしそれは私にとって簡単じゃない。）

| A_____, so B_____. |

例）There are many wonderful shops in Chiba, so I like Chiba very much.（千葉にはたくさんのすばらしい店がある。だから千葉がとても好きです。）
③ 　When や If が主文の前に置かれるとき
　　例）When I go downtown, I usually go shopping.
　　　（繁華街へ行くときは，いつも買い物をする）
　　例）If you are not busy, come to my house tomorrow.
　　　（もし忙しくなかったら，明日私の家においで。）

【because の使い方】

because は従属接続詞なので，主文につなげなくてはなりません。（この誤りはよく見かけるので注意が必要です。）

```
A_____ because B_____.
```

例) I am studying Chinese because I want to go to the 2008 Olympic Games in Beijing.

（2008年北京オリンピックに行きたいので，私は中国語を勉強しています。）

以上のような書き方のスキルも指導することで以下のように書き手は修正を加えることができます。

〈サンプル1　自己修正〉←126ページ比較参照

> I like going outside *better* than staying at home on holidays. There are *three* reasons. First, I like to go shopping. I go shopping with my family every Sunday. Second, *I'm interested in sports, so it is fun for me to play outside.* For example, I like bowling, basketball and so on. *Third, I like walking outside. I can find something new when we walk outside, and walking outside is good for our health.* For these *three* reasons, I like going outside *better* than staying at home on holidays.　イタリック体：修正部分

〈サンプル2　自己修正〉←127ページ比較参照

> I like going outside *better than staying at home* on holidays. There are two reasons. First, it is interesting for me to go shopping. It is very fun!! Second, I always go outside with my family. We go to *the* park, restaurants, homecenters, and

> so on. So I like going outside *better than staying at home* on holidays.

Step 4　内容の検討

Step 3ではフィードバックを通して一度書いたものについて,文法的な部分について修正を加えました。ここでは内容について再度検討します。アイディアマップを利用し,再度理由部分で説明不足がないかチェックしていきます。

Step 5　文章の再構成

学習者が一度書いたものや,内省記述に目を通し,どのような表現が必要かリストアップし,チャンクの部分で紹介していきます。(ALTがいる場合には,協力を求めます)。

Step 6　ペアでフィードバック

友だちとペア活動を行い,読み手に納得がいく書き方か互いにチェックをします。チェックリストを紹介します(53ページ)。

Step 7　互いの意見を発表

ペア活動をしたあと,クラス全体で発表をします。時間がなければ,いくつかプリントにまとめて印刷したり,掲示をして書いた後の評価につなげます。

今回は,学習者が書いた文章をどのようにフィードバックしていくか,文法事項にも目を向けた指導法について,そしてペアによる評価方法について,実例を紹介しました。

＊今回サンプルとして引用した例は千葉大学附属中学校2005年前期選択授業でのものです。

1-9 あなたは制服派？ 私服派？（対象学年：中学3年生 タイプ：論証文）

前トピックでつなぎことばを利用したパラグラフの指導法を紹介しました。いよいよここでは論証文・意見文を書く指導を行います。この活動は writing にとどまらず，スピーチやディベートへ発展させていけるトピックです。両方の立場で良い点と悪い点を比較検討しながら，最終的に自分の意見が読み手に納得される書き方を指導していきます。指導の流れは以下の通りです。

> **Step 1** ALTの先生との会話を通して，学校に着ていく服について考える場面設定を与えます。
> **Step 2** 制服，私服それぞれの良い点と悪い点をあげていきます。
> **Step 3** 分類整理をして文章構成を意識したアウトラインを作っていきます。
> **Step 4** チャンク，つなぎことばを利用してまとまった文章を作っていきます。
> **Step 5** ペア活動を通して，お互いに読みあって，説明不足がないか，構成はきちんとしているかチェックリストを利用して見ていきます。
> **Step 6** 互いの意見を発表しあいます。

ではそれぞれのステップごとに指導を見ていきましょう。

Step 1 場面設定をする

① ALTとJTEの先生が，どんな話をしているか聞いてみましょう。（以下 ALT：A，JTE：Jと略す。）

JTE： Our students wear school uniforms. How about your country?

ALT : There are no uniforms in my country. They wear their own clothes. When I came to Japan, I was very surprised to see Japanese students wearing the same uniforms.

But now I think they are nice.

JTE : Why do you think so?

ALT : You don't have to worry about clothes every day. What's your opinion, everyone?

　ALTとJTEの先生の話には，制服の話題がでてきました。そこで生徒に以下の質問を投げかけます。

> Are school uniforms necessary?

S1 : No. I don't think that school uniforms are necessary.

ALT : Why do you think so?

S1 : …なんとなく。

ALT : Tell me the reason.

S1 : I want to wear my favorite clothes. I like T-shirts and jeans. So I want to wear them at school.

ALT : I see your point, but you can wear them on weekends. How about you? Do you think that school uniforms are necessary?

S2 : Yes, I think so. When we wear school uniforms, we look nice.

ALT : Do you like them?

S2 : Yes, of course. I want to wear a pretty school uniform when I go to high school.

　このように会話を進めていくと，制服についての意見がさまざまに出てきます。英語でこの話題をとっさに話すのは決して簡単

ではありません。かなりの訓練が必要です。ことばに詰まったり，言ったことに対して反撃されて，そのままで会話がストップしてしまうことも多々あります。ですから**パラグラフ・ライティングとして，じっくり考えを深め，練っていくと，speakingではうまくいかなかったことを生かしていくことが可能になります。**では次の課題を通して，次のステップへ進みましょう。

Step 2　トピックの提示

> 課題：あなたは制服が必要と思いますか。この話題について海外の中学生と掲示板で意見交換をします。

　上記の課題を行う上で，自分の意見を明確にしていくために，制服の良い点とそうではないと思われる点についてリストアップすることで，考えを分類整理させていきましょう。

　次ページのように生徒があげた意見を黒板にリストアップさせていくこともできますし，グループごとに用紙に記入させて発表させることもできます。両者には必ずよい点とそうではない点があり，**自分の意見を相手に納得させるためには，いかに良い点をことばをつくして説明していくかが大切になることを，学習者に実感させていきます。**Step 1でALTに自分の意見に反論されても，きちんと返せるだけの理由や事例が必要になります。

Step 3　アウトラインを作る

　リストアップされて出てきたアイディアをまとまった文章にするためにアウトラインの形にします。136ページにあるようなアウトラインが完成し，理由が3点絞られました。これで説得力が増したでしょうか？　前回のトピックを思い出してみましょう。

　今の段階のアウトラインでは「先に主張，結論ありき！」でハンバーガーにたとえると肝心の中身がとても貧弱で，食べ応えがありません。どうすればよいのでしょうか？　ここではそれぞれ

```
                    ┌─────────────────┐
                    │ school uniforms │
                    └─────────────────┘
                      ↙             ↘
              〈Good points〉      〈Bad points〉
```

〈Good points〉	〈Bad points〉
・見た目がいい，かわいい。 ・毎日どの服を着るか心配しなくて良い。 ・学校全体として統一感がある。	・何枚もないから洗濯が大変。 ・自由な服を着るか選択肢がない。 ・制服を選ぶことができない。

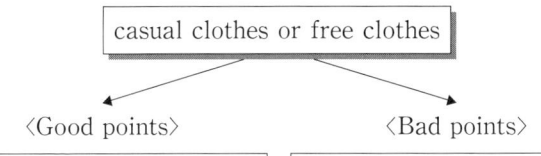

```
              ┌────────────────────────────┐
              │ casual clothes or free clothes │
              └────────────────────────────┘
                      ↙             ↘
              〈Good points〉      〈Bad points〉
```

〈Good points〉	〈Bad points〉
・その時々で自由に選べる。 ・個人が尊重されている。 ・服装の着方で注意を受けない。	・毎日何を着るか大変。 ・周りの友人を考え，服のことで気が散る。

の理由に対して，**Why? Tell me more!** と言ったように，さらに詳しく説明を加える呼びかけが必要です。実際に学習者に書かせようとすると，この理由と説明の部分がおろそかになり，形だけパラグラフの体裁を整えて完成したと思ってしまう学習者が多いのが現状です。肝心なのはメッセージです。**読み手に納得のいくようにするために，書き手自身がもっと自分自身と対話をして，内容を吟味していくことが必要です。**

```
┌─────────────────────────────────────────────────────────┐
│         I think that school uniforms are necessary.     │
│                          ⇩                              │
│ ┌──┐                                                    │
│ │理│     どの服を着るか心配する必要がない。              │
│ │由│                                                    │
│ │1 │                                                    │
│ └──┘          ⇩                                         │
│ ┌──┐                                                    │
│ │理│     制服はかっこいい。かわいい。                   │
│ │由│                                                    │
│ │2 │                                                    │
│ └──┘          ⇩                                         │
│ ┌──┐                                                    │
│ │理│  学校全体として同じ服を着るので，学校への愛着      │
│ │由│  が増す。                                          │
│ │3 │                                                    │
│ └──┘          ⇩                                         │
│              We need school uniforms.                   │
└─────────────────────────────────────────────────────────┘
```

- 自分の主張
- 理由と説明
- 結　　論

[指導のポイント]

どうしてそう思うの？　もっとくわしく教えてほしいな？
これって具体的にどういうこと？

　書き手に右ページ上に示すようなカードを利用して，教師や友人が質問を投げかけたり，あらかじめ質問をリストアップしてお

> だから何？
>
> どうして？　　具体的にいうと？

き，書き手自身がフィードバックできる工夫をしておくと，書き放しの自己表現で終わらない意見文が形作られます。

では理由1を見てみましょう。

- どの服を着るか心配する必要がない。

教師や友人または次のようなカードでたずねましょう。

> だから何？

→時間が節約できる。
→学校へ行くための服にお金がかからない。

理由2　制服はかっこいい。かわいい。

> どうして？

→中学や高校の制服は流行に敏感に反応し変化している。

> 具体的にいうと？

→デザイナー制服もあり，男女ともブレザータイプの制服も登場し，学校以外でも着られる。

理由3　学校全体として同じ服を着るので，学校への愛着が増す。

> 具体的にいうと？

→校外に出かけたりすると，自分たちの学校を制服によって意識する。私服だと誰が自分と同じ学校の生徒なのかすらわからない。

このようにアイデアを再度フィードバックする作業があると，読み手を意識するようになり，内容も深まります。

Step 4 チャンクやつなぎことばを利用してパラグラフにする

チャンクでちゃんと伝えよう！

In my opinion,　私の考えでは，
I think that ＿＿＿．＿＿＿と思います。
We have to ＿＿＿．＿＿＿する必要がある。
If ＿＿＿, we need ＿＿＿．もし＿＿＿なら＿＿＿が必要。

チャンクを利用してアウトラインを再構成すると以下のようになります。

主張: I think that school uniforms are necessary.

理由1: First, we don't have to worry about clothes. It's easy to save time and money. If we don't have school uniforms, we have to buy many clothes. It costs much money to buy our own clothes.

理由2: Second, school uniforms are cool. Recently they are very fashionable. We can even wear them out of school.

| 理由3 | Third, we can feel our school spirit when we wear the same school uniforms. If we don't have school uniforms, it is difficult for us to have the school unity. |

| 結論 | That's why we need school uniforms. |

「あなたは制服派，私服派」パラグラフ作りまでの流れを整理すると，

① ALTとの会話を通して，トピックの場面設定を行う。
② 意見文という題材のため，良い点，悪い点と2項対立でリストアップさせる。
③ リストアップを分類整理してアウトラインの形にする。
④ 教師や友人，カードなどで自分の考えをフィードバックさせて，更に論理立てた内容に仕上げる。
⑤ チャンク，つなぎことばでパラグラフにする。

では，最終的にパラグラフの形にしてみましょう。

I think that school uniforms are necessary. I have three reasons. First, we don't have to worry about clothes. It's easy to save time and money. If we don't have school uniforms, we have to buy a lot of clothes. It costs us too much money to buy our own clothes. Second, school uniforms are very fashionable and attractive. We can even wear them outside of school. Third, we feel our school spirit when we all wear the same school uniforms. If we don't have school uniforms, it is difficult for us to have the school unity. That's why we need school uniforms.

今回は自分の意見を決めて，その意見で終始一貫して書き進めるパラグラフを指導しました。実際に書かせてみると，この『終始一貫』が難しく，「制服もいいけど，私服もいいんだよね」となりがちで，「一体あなたはどっちなの？」と言われかねません。そのためにも Step 2 で行ったように，リストアップさせて分類整理した上でアウトラインを作っていくことが大切になります。

Step 5　ペアでチェックをする

　この段階までくると，パラグラフの分量も多くなります。ただ自分の思いを一方的に伝える自己表現から発展し，読み手を意識したライティングへと変容させたいとところです。教師のフィードバックも大切ですが，ここでは生徒同士のペア活動を通して互いにパラグラフの内容をチェックしていきましょう。

1．トピックセンテンス（主張）があるか
2．理由は入っているか
3．理由を説明する例などが入っているか
4．結論があるか

以上の4つのポイントを中心に，相手のパラグラフを読みます。特に中学生は主張を支える理由をあげても，それが理由になっていない場合があったり，十分説明や例がない場合がよくあります。ただ，つなぎことば First, Second, Third を使ってリストアップで終わってしまうことがあるのです。ですから互いに読み合う中で，説明不足の部分をたずねあい，よりよいものへと完成させたいところです。優れた書き手になるためには，優れた読み手へと成長させることが大切です。ライティングとリーディングは密接に関わっています。

Step 6　互いに意見を発表

　ライティングもコミュニケーションの一つです。せっかく書い

たものに対して意見をもらうことは，とても励みになります。自己表現から双方向のコミュニケーションへと発展していきます。この活動ではスピーキングとリスニングが大きく関わってきます。クラスで，私服派と制服派それぞれの代表を選び，両派のパラグラフを読んでもらいます。クラスみんなでの意見を聞き合い，どちらの意見が納得できるものか判定し合う活動ができます。さらにわかりやすく発表するために，主張を支える理由の部分をそれぞれフリップボードに書いて提示すると視覚的に訴え，英語が苦手な生徒でも活動に参加することができます。

2 高等学校編

2-1 自己紹介（対象学年：高校1年生　タイプ：語り文）

中学校段階から馴染んできた活動である自己紹介にどのような手当を加えれば，高校レベルのライティング活動へと発展させられるかを見ていきましょう。

指導のポイント

SVC から SVO へ

一般に自己紹介の際には，性格や長所短所など，形容詞を中心とした SVC の文型で表現することが多く，生徒は be 動詞に頼りがちです。しかしながら自分のことを的確に表現するには，状態や性質を語るだけでなく，具体的な動作・行動・活動を書く必

Step 1：次にあげる1.－10.の形容詞は，全て人の性格・性質を表すものです。しかも，全て，好ましい・積極的・肯定的な意味を持つものです。それぞれの形容詞が描写している典型的な動作・行動をイメージして，(a)－(j)の言い換えから最適なものを選びましょう。

1．optimistic　2．hardworking　3．serious
4．ambitious　5．sociable　6．organized
7．competitive　8．confident　9．independent
10．patient

(a) do not tell jokes or laugh
(b) always work hard in your job or schoolwork
(c) stay calm without becoming annoyed or bored
(d) have a strong desire to be successful, rich or powerful
(e) hate to lose and always enjoy trying to do better than other people
(f) enjoy being with and talking to other people and meeting new people
(g) always have a strong belief that you will be able to achieve what you want
(h) plan your work and activities so that you will be well prepared for the things you have to do
(i) always expect good things to happen, and believe that you will eventually get what you want
(j) can make your own decisions, organize your own life without help, advice or money from other people

要があります。今回は，どのような工夫をすれば具体的な動作動詞を使いこなせるかを考えてみます。

指導のポイント

習熟度のあまり高くない生徒にも積極的に英語での表現活動に取り組ませるために，この段階で留意すべき点は，新出語彙・未習語彙で躓かせないように，自分にあてはまるものを順序づけするランキングの活動や予め与えた語句を結びつけることで，文としてのまとまった意味内容を表すマッチング（組み合わせ）といった活動を通じて次の活動で自発的に使用するべき語彙を予め導入し，その中でパラフレーズのスキルに焦点を当てることです。この Step 1 ではマッチングを扱っています。

Step 2：自分の選んだものを周りの人と比べて確認しましょう。
Step 3：具体的な動作，典型的な活動を描写するのに，表現の上でどのような工夫がされているか考えてみましょう。

この段階では，必要に応じて動作動詞を修飾する副詞句，目的語を修飾する形容詞，さらに助動詞での意味づけなどに焦点を当て，形容詞表現がどのように具体的な動詞表現に置き換わっているかを確認することになります。教室では，地味で時間を取る音読は敬遠されがちですが，意味の理解と表現の定着には非常に効果があるので，マッチングが難しかったものだけでも音読で取り上げるといいでしょう。

Step 4：自分の性格・性質・特徴をよく表す形容詞を2つ考え，その形容詞が描写している自分の典型的な行動・活動をイメージして動作動詞で言い換える練習をしましょう。
形容詞1
→　言い換え

第4章　ステップを踏んだパラグラフ・ライティングの指導　── 143

> 形容詞2
> → 言い換え

　自己紹介へと繋げる活動です。うまく言い換えられないときは，次のような誘導的質問を利用してみましょう。
・学校で友達と過ごしているときの行動・活動
What kind of activities do you and your friends do together at school? → At school, I belong to the drama club and I practice hard five days a week.
・家庭で家族と過ごしているときの行動・活動
What kind of activities do you and your family do together? → I seldom cook, but help my mother clear the table and do the dishes.
・地域社会で取り組んでいる行動・活動
What kind of activities do you do in your local community? → I once was a leader of a local girl scout and I know a lot about how to camp and other outdoor activities.
・あらたまった場に出たときの行動・活動
How do you usually behave in public places? → I do not like to stand on ceremony, but I understand how to behave in public places and practice good manners toward elderly people.
・一人でいるときの行動・活動
What do you like doing when you are alone? → I like reading and writing when I am alone. Writing will especially help to see what kind of person I am.
・過去を振り返る行動・未来に向かっての行動
What are your career plans? → I do not often look back on what happened to me or what I did. I always try to look

forward to the future events and future possibilities.

　具体的に場面を分けて考えさせられるよう，既習事項を踏まえて質問を用意しておくと良いでしょう。

Step 5：自分を描写する

次の空欄部分に当てはまるように，自分のことを描写し説明しましょう。

I think I am (形容詞1)_____ and (形容詞2)_____.

For one thing, (形容詞1を言い換えた自分の典型的な行動・活動)_____

For another, (形容詞2を言い換えた自分の典型的な行動・活動)_____

　それまでの作業で得られた情報を，一定の順序で提示する練習をさせます。パラフレーズやリフレーズ（リステイトメント）は今後もパラグラフ・ライティングの際に必須のスキルとなるので，このような単純な活動の中でまず充分に慣れさせておくことが肝要です。

Step 6：Sharing

3人以上の人と，お互いの自己描写について質問し，どのように動作動詞で言い換えているかを分析してみましょう。聞きながらメモをとってはいけません。使う質問は次の2つです。

Q1. What are the two adjectives that best describe you?

Q2. Why do you think so?

※　他の人の表現でまねしたいもの，まねできるものを書き出しておこう：

　習熟度の低い学習者は，Step 5のような活動だけでは，ただ

単に情報を転記しただけで終わってしまい，次のライティング活動において，そこで書き出した表現を使いこなせないことが多いので，表現を自分のものにするための練習として，Step 6を加えてあります。習熟度の高いクラスの場合はこの段階を省いてもいいでしょう。

いよいよ自己紹介のための疑似的コミュニケーション活動です。

> **Step 7**：あなたの高校で新しくホームステイのプログラムが始まることになり，あなたが第一回の派遣団に選ばれました。ホストファミリー（受け入れ先家庭）にあなたがどんな人かを知らせる次の書式に答えてください。

疑似的であれ，もっともらしいと思える表現活動に取り組ませることが効果的です。pre-writing 活動の総仕上げとして，次のような placement information の用紙を用意して，それに記入させる活動を想定します。

Taishukan Senior High School
Summer Homestay Program
Form A : Placement Information

Student Name: _____

SPECIAL INTERESTS, ACTIVITIES AND RESPONSIBILITIES

1. What kind of activities do you and your family do together? How often? What are your responsibilities at home?
2. What musical instrument(s) do you play now?
   Instrument   Since when?   How often?
3. What sports do you participate in now?

Sport　　　Since when?　　　How often?
4. Describe any other interests, hobbies, or activities which you have:
5. What other groups do you belong to or participate in?
6. Please list in order of importance any interests/activities which you would like to continue in your host country.
7. What are your career plans?
8. Please describe any previous travel experience outside your home country:

　Step 6までの情報を活かしながら，「うまく書けたでしょうか？　自分の記入した情報を周りの生徒と比べてみましょう」などと机間指導をしながら，動作動詞のキーワードが充分に使われているか確認させます。

Step 8：ホストファミリーに自己ＰＲの手紙を送ります。Step7で書いた情報をうまく活かして，自分のことを積極的にアピールしましよう。

Dear host father and mother,
　Let me introduce myself. My name is ＿＿＿＿ and I am a ＿＿＿-year-old high school student in ＿＿＿＿＿.
　There are ＿＿ people in my family and my responsibility at home is ＿＿＿＿＿＿＿＿＿＿＿＿＿＿＿＿.
　I believe I am ＿＿＿＿＿＿ and ＿＿＿＿＿＿.
　For one thing, ＿＿＿＿＿＿＿＿＿＿＿＿＿＿＿
＿＿＿＿＿＿＿＿＿＿＿＿＿＿＿＿＿＿＿＿＿＿.
　For another, ＿＿＿＿＿＿＿＿＿＿＿＿＿＿＿＿

    _____ .

  My main interest is _____

_____ .

  I have been _____ for about _____ years, and I would like to continue it in your country.

  Since I plan to _____

_____

in the future, I would like to make the most of this program.

  I am looking forward to seeing you in this program this summer.

Sincerely yours,

〈作品例〉

Dear host father and mother,

  Let me introduce myself. My name is __Takashi Matsui__ and I am a __17__ year-old high school student in __Yamaguchi Prefecture, Japan__.

  There are __three__ people in my family and my duty at home is __walking my dog in my neighborhood every morning__.

  I believe I am __organized__ and __hardworking__.

  For one thing, <u>I plan my work and activities so that I will be well prepared for the things I have to do.</u>

  For another, <u>I always work hard in my schoolwork and in my extracurricular activity.</u>

  My main interest is <u>rowing</u>.

  I have been __rowing__ for about __two__ years, and I

would like to continue it in your country.

　Since I plan to <u>be a rowing coach in Asian countries and teach youngsters how wonderful rowing is</u> in the future, I would like to make the most of this program.

　I am looking forward to seeing you in this program this summer.

Sincerely yours,

　　　　　　　　　　　　　　　　　　Takashi Matsui

2-2 「語り文」を書くライティング（対象学年：高校1〜3年生　タイプ：語り文）

　Space order（前景から後景の順）や chronological order（時系列）に則って語り文を書く際に，絵の助けを借りる活動で難易度を調整することは広く行われています。

　この活動を物語の前後を書かせる活動へと発展させることが可能です。習熟度があまり高くない生徒から，かなり高い生徒まで有効な手法です。(Heaton, J. B. (1997). *Beginning composition through pictures* (pp.58-59). Longman. 参照の上，改変)

課題：次の語群を参考に，書き出しの英文に続けて80 words程度（書き出し含まず）の英語でストーリーを完成させなさい。

1．少女がバスを降りる絵

　　　　　　　↓

2．夜道を誰かが追ってくる絵

　　　　　　　↓

3．少女が振り返るとそこには人影が見える絵

↓

4．少女が走って逃げると人影も追ってくる絵

↓

5．人影が少女に追いつく絵

↓

6．（人影だった）人が少女に落し物を手渡す絵

語群（時制等適切に活用させること）：parcel / buy / scare / footsteps / distant / turn around / chase / catch up with / attack / drop / relieved / closer / kind

> *The other day I went shopping in town. I wanted to buy a birthday present for my father. It took me a long time to choose the best one and I caught the last bus in the evening. It was already very dark when I got off the bus. I had to walk another 20 minutes and I felt a little nervous. Then I found something strange. There was a stranger behind me. I hurried home. Surprisingly the man behind me also started ...*

指導のポイント

※ story writing を高校レベルの英語表現へと引き上げるには、ただ単に短文の羅列とならないよう story grammar といわれる要素を盛り込むことが有効です。以下の項目に関して、内容での英問英答を準備すれば、効果的な〈発問→表現〉という授業展開やペアワークでの下位タスクに落とし込むことが可能です。

【Story grammar の 6 つの観点】

1．Settings（登場人物設定，場面設定）
2．Initiating event（その物語を他と区別する「ならでは」な

始まりの出来事）
3．Internal response（その出来事に対する主人公や主要登場人物の思い，葛藤などの感情の発露）
4．Attempt（主人公が目的達成のために行う言動・努力）
5．Consequence（その努力の首尾不首尾）
6．Reaction（その結果に関する主人公や主要登場人物の反応・評価）

この観点を踏まえた上で，使用する動詞の時制が適切に使われているかを重視してフィードバックを与えることが大切です。

※ 人称や時制が書き出しに続かないもの，最初に結末まで全て説明しているものなどはマイナス評価となります。テストであれば，語群を正しく使えていない，追いついたのか追いつかれそうなのか，という事実の正確な描写ができていないものなど展開でのミスもマイナス評価となるでしょう。

※ 結末の事実描写と首尾不首尾に関わる感情表現がないものもマイナス評価になります。

以下生徒作品例です。イタリクスは与えられた書き出し部分。

The other day I went shopping in town. I wanted to buy a birthday present for my father. It took me a long time to choose the best one and I caught the last bus in the evening. It was already very dark when I got off the bus. I had to walk another 20 minutes and I felt a little nervous. Then I found something strange. There was a stranger behind me. I hurried home. Surprisingly the man behind me also started to chase me. His distant footsteps **scared** me. I ran as fast as I could, but I **heard** him getting closer. I **was** finally **caught up with** and I thought he **would** attack me when he **said**, "You **dropped** this parcel at the bus stop." I **turned around**. He

> **held** something in his hand. It **was** just what I **had bought**. I **was** relieved to know he **was** kind enough to bring it to me all the way through. (79 words)

　下線部は語群で与えられた語句で太字になっているのは述語動詞で時制に注意が必要な表現です。文章の基本時制は過去形で，それ以前の出来事を示す部分に過去完了が使われていることに注意させます。

　次に具体的な表現に関しても触れておきましょう。

※　footpath は「小道・通り道」，「足跡」は footprint，「足音」は footstep。

※　catch up with「追いつく」という表現を覚えている生徒でも受け身で正しく使える生徒はあまり多くありません。句動詞の受動態では副詞・前置詞はひとかたまりで扱うことを徹底させます。

※　私の買ったものを，日本語からの直訳で（X）my shopping thing などとするミスが多く見られます。

the things I (had) bought today

what I (had) bought today という後置修飾での名詞の固まりをしっかり書けるような指導の見直しが必要です。

　このように，書き出しに続けて英文を完成させる活動は，初めから全てを書く活動よりも，生徒が実際に書く分量は少なくなるので，教師側の添削の労力も軽減できます。

　習熟度の高い生徒には，以下のような，結末部分に繋がるように物語の始まりを書かせる活動も効果的です。難易度は高くなりますが参考までに挙げておきます。ペア，少人数グループでの課題として活用が可能です。(Gary Larson. (1988). *Far side gallery*. Audrews Mcmeel Pub. 参照)

> 課題：次の語群を参考に，結末につながるように80 words程度（結末部分含まず）の英語でストーリーを完成させなさい。

語群（時制等適切に活用させること）：outer space, research, planet, space ship, astronauts, launch, return, missing, left, note, time, give up, lost, alone

---

〈解答欄〉

When George returned to the place where they had arrived, the other astronauts were gone. There was a small note left on the spot, saying, "Dear George: Where have you been? We made up our mind to leave here without you. Sorry, George. We will miss you."

指導のポイント

※ 与えられた英文の地の文では，George という書き方をしていますから，以下の生徒例1のように，My name is George. とか，I am an astronaut. などと一人称主語で書き始めた場合は，引用符を用いて，その一人称が George の視点で書き表されなければ，結末部分につながらないことに注意が必要です。第三者の視点（三人称主語）で書いた場合には全く問題なくつながります。

以下生徒作品例。

〈サンプル 1〉

　My name is George. I was on the team of astronauts researching outer space. Our mission brought us to a planet where we did investigation for traces of life. There seemed to be little day on this planet, so we were supposed to come back to our space ship in a few hours. I was so much absorbed in the investigation that I traveled to the other side of the planet. I had a hard time getting back to find the space ship that had already been launched. (88 words)

〈サンプル 2〉

There were some astronauts in the space ship traveling to a new planet. When they got to the planet, one of the crew, named George, got very excited and started investigating alone. But soon he realized that he had lost his way back to where the other members were. Meanwhile, the rest of the crew had to launch because a huge storm was going to arise. They were concerned that George would be left alone, but they gave up waiting for him. Just a little time after they left the planet, George finally arrived at the spot. (97 words)

〈サンプル 3〉

George was an astronaut. One day his fellow astronauts and he launched on a spaceship and went into outer space. They arrived at a planet, but there seemed to be no living thing there. George did thorough research on this planet, but found nothing new. When the time to leave came, they realized that George was missing. At first they waited for him, but finally they gave up waiting and left the planet. After a while, George returned to the spot where the spaceship was. (85 words)

では，これら3つのサンプルの問題点をみてみましょう。

※ story grammar の観点で言えば，initiating event にあたる

「Georgeは〇〇をしていたので，皆とは離れた」というところが重要です。サンプルのうち，第3例はその部分が弱く評価が低くなるでしょう。

※ 生徒の習熟度によってはreturnの自動詞用法と他動詞用法を確認させる必要があるでしょう。どちらにしても「どこへと戻るのか」「戻すのか」を示す"前置詞＋名詞"または副詞が必要となります。

※ in a few hoursとa few hours laterのそれぞれで，不定冠詞のaを抜かすミスが多いので気をつけさせます。時間の経過を表すinの用法は高校段階で充分に習熟させたい項目です。

※ There was nothing there.とNothing was there.の違いを指摘し，前者のThere is / areの構文は「新情報」の導入に用いられることを整理しておきます。

※ I miss George.とGeorge was missing.とを混同している生徒も見られます。前者ではmissは他動詞で「いなくて淋しく思う」という意味であり，後者では自動詞で「行方不明である」という意味になります。

※ George was [got] lost.では単に「道に迷う」「行方不明」であり，George lost his way back.として初めて「帰り道が分からなくなった」という意味となります。

※ backは副詞ですから，直接目的語となる名詞は取れないので，"(get) back to＋具体的な名詞"というような表現とするべきです。

（上記ポイントはサンプル1〜3に出てこないものも含んでいます。）

2-3 影響を受けた本・映画（対象学年：高校2年生　タイプ：語り文から説明文へ）

最近では，書籍や音楽関係のインターネットショップを利用したことがある生徒も多いことでしょう。多くのショップでは，その商品を購入した人のレビュー（感想や評価）を読むことができます。商品の解説と，その作品を読んだり聞いたり見たりしての個人的な経験という両面が盛り込まれているので，この課題は語り文から説明文への橋渡しに有効な活動となります。

> 課題：あなたに最も影響を与えた人・書籍・映画・音楽を１つ取り上げ，どのような点でそれがあなたにとって特別な意味を持つのかを英語で説明しなさい。

指導のポイント

　ただ単に，自分のエピソードだけを述べるのではなくて，人・書籍・映画・音楽から１つの主題を取り上げて，その主題から離れないように書くことが求められています。

　トピックセンテンスを書くにあたっての頭出しチャンクは以下のようなものになるでしょう。

- The movie "XXX" is the piece of work that affected my life the most.
- The movie that had the biggest impact on my life is "XXX."
- The person who has inspired me the most is XXX.
- The book that has affected me the most is "XXX."
- The musician that has had the greatest effect on my life is XXX.

文法項目で言えば，
- 最上級，比較級＋than any other，否定の文脈での原級
- 「結果」や「これまでの経緯」を示す時制

を正しく用いることが大切です。とりわけ、過去形と現在完了形との使い分けに注意させる必要があります。

語彙項目では「影響」「結果」を表す語句で、
・effect（名詞）と affect（動詞）の識別
・influence; inspire の語法
・have a ＋形容詞＋ influence [impact] on... のコロケーション
慣用で言えば、
・書籍・映画などの作品名は " " を用いて示す。
という点に注意させることが大切です。

実際のカスタマーレビューを引用するか、以下のように、生徒作品例をディクテーションさせることで、トピックセンテンスを他のセンテンスがどのように支持しているかに注意の焦点を向けさせることができます。

【読み上げる生徒作品例】

The Walt Disney movie "Pocahontas" is the piece of work that affected my life the most. I saw this movie in the theater when I had just moved to the United States. I didn't understand any of the English they spoke in the movie, but it touched my heart. I learned from this movie how important wildlife is. Because some of the sub-characters, the raccoon and the hummingbird, were animals that I had seen near my house, it was easy for me to feel sympathy for them. This way the thought of saving wildlife seemed to come into my mind naturally. If I had not seen "Pocahontas", I might not be that interested in conserving nature the way I am now. (121 words)

トピックが作品にしろ、人物にしろ、初めて耳にする生徒にとっては難易度が高い活動になりますから、キーワードのみを予め板書するか、以下のように内容に関わる英問英答を準備します。

この質問は,次に生徒が自分のライティングの際にアイディア発見のための問い(heuristic questions)の段階で活用できることにも留意させます。

> 1. What is the topic of this passage?
>   A person, a movie, a book, or a piece of music or musician?
> 2. When did she experience it [him/her] or know it for the first time?
> 3. How did she come to know it [him/her] more and better?
> 4. What influence did it [he/she] have on her and her life? Why is it so influential to her?
> 5. If it were not for it [him/her], how would her life be different?

・2回から3回英文を読み上げ,まず,質問の答えをメモさせます。
・質問の答えを確認しながらもう一度読み上げます。キーワードから,フレーズまたはセンテンスをリピートさせます。個人指名でのリピートからクラスでのコーラス・リピートにすることで次の活動にうまくつながります。
・質問の1から5までの答えを通して,全体の流れ・構成を確認してから,全文を書き取らせます。作品名・人物名などの固有名詞は板書しておきます。
・スクリプトを配布して,個々の英語表現を解説します。

この活動は,dictogloss [grammar dictation] として広く用いられている手法を日本の教室向けに簡易化したもので,語彙や構成をコントロールできるので,ライティングのモデル文の活用にとても有効です。

この段階を経て,生徒に実際に自分自身の作品を書かせていきます。完全な文でなくともよいので,答えとなる情報を英語で書

き出させることが大切です。

【アイディアジェネレーションでの heuristic questions の活用】

What is the topic of the passage?

→ the movie that had the biggest impact on my life

What is it?

→ "Hotel Rwandan"(『ホテル・ルワンダ』)

What is the movie about?

→ about the Rwandan Genocide and a hotelkeeper who saved a lot of lives

What about the movie has inspired you the most?

→ shocking; an extraordinary courage in an ordinary person in the most fearful, horrible situation

〈上記 heuristic questions を経ての生徒作品例(映画)〉

　The movie that had the biggest impact on my life is "Hotel Rwanda." It is a historical drama film about a hotelkeeper during the Rwandan Genocide in 1994. More than one million people were murdered in less than three months at that time, and the movie focused on an ordinary man who had extraordinary courage to save the lives of over a thousand helpless refugees, by giving them shelter in the hotel he managed. The movie was very shocking to me since I have never faced such a fearful situation. The movie was an eye-opener to make me realize what is happening in the world.(105 words)

　その他のトピックでの作品例も見ておきましょう。生徒には定型の表現がどのように具体化されているかに注意させて，音読(筆写)をさせると良いでしょう。

〈生徒作品例2(人物)〉

　The person who has inspired me the most is my grandmother. She is going to be 82 this year, but she is the most energetic and diligent person I have ever met. She is still busy working as a tea ceremony teacher, and devoting herself to taking care of those around her. As a person who experienced World War II, she always tells me how the people at the time were desperate to live and how hard they worked to make their lives better. Looking at her makes me feel I shouldn't ever be lazy at any time. (98 words)

〈生徒作品例3 (書籍)〉

The book that has affected me the most is "Memoirs of Geisha." This is a story about a Japanese girl growing up to be a successful geisha, and was written by an American writer, Arthur Golden. The amazing part of this novel is the detailed description of Japanese culture. It is so true that it seems as if it was written by a Japanese writer. I was moved by the author's understanding of our culture, and also learned that it is important to get rid of my prejudices when I come into contact with other cultures. (96 words)

〈生徒作品例4 (音楽 (家))〉

The musicians that have had the greatest effect on my life are Dreams Come True. They are an influential music duo from Japan, and they have been popular since I was very little. Their songs are mostly about love between couples, friends, and family. I like their songs because the lyrics and the melodies make me feel happy and positive. They are so straightforward that they make me think it is important to tell my thankfulness and love even to the people around me. The vocals are also powerful and moving enough to cheer me up anytime I listen to their music. (102 words)

2-4 日本的事物の紹介（対象学年：高校2年生　タイプ：説明文）

中学校段階でも，日本の伝統文化や行事を説明する課題に取り組んだことがあると思います。高校段階では，より効果的なアイディア・ジェネレーションの手法を学び，さらに的確な定型表現を使いこなせるように練習をしていきましょう。

ここで学ぶアイディアジェネレーションの手法は，

・定義　　・対比　　・分類　　・実地／応用

です。

> 課題：留学生から「年賀状」について質問されました。クリスマスカードとの違いなどを含めて具体的に説明しましょう。

Step 1　アイディアジェネレーションのステップ

年賀状から連想することは何でしょうか？

```
                お年玉くじ
                   ↑
                 お正月
                   ↑
辰年←干支←│年賀状│→謹賀新年
                   ↓
          書くのが大変→　もらうと嬉しい
```

マッピングでは様々なアイディアが出てくるのですが，肝心な「年賀状」の定義を伝えようとするときに必ずしも中心となるアイディアが出てこないことがあり，焦点が絞りにくくなることがあります。

年賀状を定義するときに，まず一言の名詞で言うと何になるでしょうか？

そう，postcard(s)「ハガキ」です。ハガキ≠手紙・封書 (letter(s)) ということをまず，押さえましょう。

では「年賀状」はどんなハガキなのでしょうか？ 当たりくじがついている，とか，最近ではeメールで済ませる人がいる，などという情報よりも，もっと重要な中心となる情報は何でしょうか？

新年のあいさつ（New Year's greetings）のハガキだという情報です。この点はChristmas cardsと異なりますね。

Greetingsですから「誰が誰にあいさつをするのか」を考えてみましょう。そのハガキの書き手・受け手はどんな人でしょうか？ マッピング以外に，次のような表を使って考えることができます。

受け手　書き手	身近な人	お世話になった人	その他
あなた	クラスの友人	担任の先生　部活動の先輩	同居していない祖父・祖母，いとこなどの親戚
あなたの先生	同じ学校の先生　教え子		同居していない家族親戚
あなたの家族	職場の同僚	高校時代の先生	

大切なことは，比較・対比での着眼点を得ることですから，**この表にある全ての情報を書こうと思わないことです**。うまく利用して書ける情報には，次のようなものがあるでしょう。
・You write to your good friends, your classmates, your teachers and your relatives who you do not live with.
・People usually write to those who they work with.
・People usually write to those who they feel thankful to.
視点を変えると，

- You do not usually write to your family unless you live away from each other.

ということもできます。

では次に，

- どんなことばをハガキに書くのか（What words or phrases do you write on the card?）
- いつハガキを書くのか，またいつそのハガキは届くのか（What time of the year do you start to write New Year's greeting cards? When do you receive them?）

を考えてみましょう。「あけましておめでとう」は Happy New Year などと言えますから，書くことばはクリスマスカードに似ているとも言えます。「おめでとう」というのはどういう働きをすることばでしょうか？「新しい年を祝う」とか「喜ぶ」ということですから，(to) celebrate the New Year; (to) celebrate the joy of the New Year という意味のことばをハガキに書くわけです。

その他には，お世話になった人への「感謝」(to say how thankful [grateful] you are) や「新年の抱負」(New Year's resolutions) などを書くことが多いはずです。

書く時期，届く時期を考えると，

	クリスマスカード	年賀状
書く時期	クリスマよりも前	年末または年賀状を受け取ってから返事を書く
届く時期	クリスマスまで，またはクリスマス休暇の間	元日（1月1日）以降

という違いが見えてきます。この部分を英語で表してみましょう。

- You write New Year's greeting cards late December.
- You are expected to send them by the end of the year.

・You will receive New Year's greeting cards on New Year's Day and later while you usually receive Christmas cards by Christmas Day.

　これで，大まかな内容は伝えられるのですが，誰が書いても同じ内容になってしまわないように，具体的な説明で，「実際に書く」という部分に付け加えて，自分の個人的な体験を書いてもいいでしょう。

　次の質問の答えで活用できるものがあれば付け加えてみましょう。
・How many cards do you write every year?
・How many cards did you receive this year?
・Do you write more cards than you receive?
・Do you handwrite them one by one or do you print them using a computer?

Step 2　セレクションと構成

　大まかな類似点と相違点を確認できたら，次の段階では，情報をしぼりこみ，中心となる情報を元にまとまり・構成を考えます。Step 1 の段階で得られた情報からメインアイディアを生かして書きましょう。

(1)　New Year's greeting cards の定義に当たる文
　　　・ハガキであること，書く目的・働き
　　　　　⇩
(2)　具体的な説明
　　① 一般的な説明
　　　・誰に書くのか，書くことば
　　　　　⇩
　　② 特殊・個人的な説明
　　　・いつ書くのか，いつ受け取るのか，クリスマスカードとの違い

というような流れを作ると良いでしょう。

　次のような特殊な内容は余裕があれば付け加えましょう。
「現在はeメールで済ませる人もいる」
→ These days there are some people who send e-mail as a New Year's greeting.
「くじの付いたハガキが主流である」
→ The most popular postcards are those that have a lottery number.

Step 3　ドラフト

　それでは，このようにして書いた生徒作品例を見てみましょう。
　Sending and receiving *nengajo*, or New Year's greeting cards, is a custom that Japanese people enjoy. A New Year's card is a postcard you send to celebrate the joy of New Year, or to exchange your resolutions. You write to your good friends, your classmates, your teachers and your relatives who you do not live with. The most popular phrase on the card is "Happy New Year." You start to write these cards in late December and you are expected to post them by the end of the year. You will receive them on New Year's Day itself and a little later while you receive Christmas cards by Christmas Day. (111 words)

Step 4　フィードバック例

　全体を通して一貫したテーマで述べていることを示すためにも，主語にどのような語句（名詞，代名詞）を用いているか意識しましょう。ここでは一般論としての You を用いています。

> A New Year's card is a postcard ~~you send~~ to celebrate the joy of New Year, or to exchange your resolutions *for the new year*.

→第一文で sending とすでに述べているので，you send は省き，resolutions を詳しく説明しましょう。

> You write to your good friends, your classmates, your teachers and your relatives who you do not live with.

→クリスマスカードとの対比を生かすために，同居している人には出さないという情報でまとめましょう。

> New Year's greeting cards are similar to Christmas cards. You write both of them to those who you are grateful to. However, you won't usually write New Year's greetings to someone you live with.
> ~~You start to write these cards late December and~~ If *you* ~~are expected to~~ post them by the end of the year, *they are supposed to arrive* on the very New Year's Day and later while you receive Christmas cards by Christmas Day.

→クリスマスカードとの対比を表すために投函する期日を書いていますが，実際には，早く出したから早く着くわけではないので，書き始める時期などは省略してもよいでしょう。

Step 5　リバイズ：書き直しの視点

・年賀状を受け取る人を説明するためには someone who / those who といった関係詞での後置修飾を活用できることなど，定型表現，文法事項の確認をします。

・相違点を示すには，A is different from B in C（＝観点）などの文を，類似点を示すには A is similar to B in C（＝観点）などの文を使うことができます。どちらも，in の後は観点を表す，

period（期間），size（大きさ），purpose（目的）などの具体的な名詞を用いるのですが，that節を用いると「～が…である，という点で」と事柄として説明を加えることができます。

Step 6　リライト

Step 5をもとに書き直した例を2つ載せます。

Sending and receiving *Nenga-jo*, or New Year's greeting cards, is a custom for Japanese people to enjoy. A New Year's card is a postcard to celebrate the joy of New Year, or to exchange your resolutions for the New Year. New Year's greeting cards are similar to Christmas cards. You write both of them to those who you are grateful to. However, you don't usually write New Year's greetings to someone you live with. The most popular phrase on the card is "Happy New Year." If you post them by the end of the year, they are supposed to arrive on New Year's Day itself and a little later while you receive Christmas cards by Christmas Day.　　　(118 words)

別解：

In Japan, we send "Nenga-jyo" to our families and friends every New Year's Day. It is a tradition to write them post cards, telling how grateful you are to them, and to wish them a great year. We usually draw one of the twelve Chinese zodiac signs for that year on the cards. Recently, people have started to make their cards on their computers or with rubber stamps. A Christmas card is similar to a "Nengajyo" in that you send it to your families and friends, and that you send it around the same time of year. A Christmas card is sent to wish them a great holiday while a "Nengajyo" is a card to look back on the year before, and to express our thanks to the people who have supported you. (133 words)

Step 7　名詞の活用

　説明文や論証文の読解では，ある語句や文の内容が，適切な形で名詞としてまとめられている場合に，その内容を正しくたどることができる人でも，自分が英文を書く際には，とかく，「それ」「そういったこと」という内容を，this, that, it といった代名詞のみで，内容をまとめたつもりになって先へと書き進めていくことが多々見られます。ですから以下のような名詞が正しく使えるか，明示的に指導する必要があります。とりわけ，次の2-5での活動のような「言葉で言葉を説明する」課題では重要度が増してきます。

information グループ
　fact(s) / data / knowledge / news / notice / report / message

comment グループ
　note / opinion / remark / statement / word(s) / utterance

conclusion グループ
　decision / conviction / agreement / result / consequence / outcome

idea グループ
　image / concept / notion / thought / belief / view / judgement

hint グループ
　suggestion / advice / indication / implication

proof グループ
　evidence / certification / verification

research グループ
　analysis / study / examination / inquiry / investigation

2-5 日本語の慣用句,ことわざを英語で説明しよう(対象学年：高校2年生　タイプ：説明文)

Step 1　CUBINGの活用，対比と分類〜第三の視点を持つ

　小学生や中学生も七夕や節分などの伝統行事やお祭り，おせち料理などの伝統食に関して，自分の体験を元に具体的に説明する活動には随分親しんでいると思います。では，文化を支える重要な役割を果たす「ことば」は説明できるでしょうか？ここでは，日本語の慣用句，ことわざを英語で説明することによって，日本人のものの見方・考え方の特徴を他の文化背景を持つ人々により理解してもらうことをねらいとしています。

　高校教科書レベルの説明文を高校生が自分で書くのはかなり大変です。まずは，モデル文をどのように提示し，吟味させるかに工夫が必要です。

　ここでは「イカソーメン」と呼ばれる，strip storyの手法で結束性と個々の英語表現に目を向けさせることから導入します（ちなみに，始めに各グループに英文を配布する際に，白い細長い紙がたくさん渡されるので，この活動は「イカソーメン」という名称で呼ばれています）。

1．まず始めに，クラス全体に，書き出しの1文と最後の1文を示します。残りの5つの文を短冊のように印刷し，それぞれ切り離して，順不同にしてから生徒1人に1枚配布します。

"Yudan Taiteki" is one of the most common Japanese proverbs.

(1) The literal meaning of this proverb is that your carelessness is your greatest enemy.

(2) We generally use this proverb when someone is too careless in preparing for something that they find easy.

(3) Imagine you are on a strong basketball team, and your team is going to have a game with the apparently weaker team.

(4) If many of your teammates take it for granted that your team would win and do not practice hard enough, you would say these words of wisdom to them.

(5) <u>The lesson this proverb teaches us is that</u> your carelessness might cause you an unexpected failure.

So you must not be too proud of yourself and should always do the best you can. (131 words)

2．生徒1人1人は，自分の渡された紙に印刷されている英文を読み暗記します。最初の段階では辞書を引くのではなく，意味の分からない箇所を明らかにするつもりで確認させます。

3．各グループから同じ英文を持っている者同士が集まり，意味と発音の確認をします。この段階で必要ならば辞書の使用を許可するか，教師に質問させます。

4．次に自分のグループに戻り，自分の英文を音読します。この時に決して他のメンバーに英文を見せず，音読でグループ内の全員に伝えます。

5．この口頭による確認を繰り返して英文の順番を決定します。

6．順番が決まったら，その順に机の間に並んで立ちます。この時に，3．で相談していた同じ英文を持っているはずの生徒が違う順番にいたりすることになり，正しい順序に対する理由付けを意識することになります。

7．正しい順序に英文を読み上げ，各グループの順序と照らし合わせます。

ここで初めて，なぜその順序でなければならないかの理由付け・意味づけを学ぶ準備ができあがり，個々の表現や文同士の結束性への気づきを促すことができます。

Step 2　全体構成と定型表現を確認させる

　モデル文の英語が確定したら，それをパラグラフとして再度確認します。物語文や意見文に型があるように，説明文にも型があります。慣用句やことわざについて説明する場合であれば，どのようなものでも，全体の構成として，

　a．文字通りの意味
　b．具体的な使用場面
　c．その場面での意味・教訓

という3つの情報を整理し順序立てて書くことで，日本語をよく知らない読者にとってわかりやすい英文となります。その3つの観点から，再度モデル文を生徒に読ませ，どのような文章を書くことが求められているかを指導します。

　英語に似たような発想をする表現やことわざがある場合でも，b, cで異なる場合がありますから，いきなり英語のことわざをあげるのは得策とは言えません。まずは日本語の文字通りの意味を述べた後に英語のことわざをあげる，または，最後に日本語との類似点を指摘するという手順がよいでしょう。

　次にそれぞれ，定型表現をあげておきます。このような表現でa, b, cそれぞれの記述を始めて，具体的な説明を続けることで，読者に安心感を与えることができるだけでなく，具体的記述の部分で語彙選択・語法・構文の誤りがあった場合に読み手が推測を働かせる余地が生まれます。

a．文字通りの意味，語源を示す頭出しチャンク

　This proverb literally means that

　The literal meaning of this proverb is

　Literally speaking, this proverb means

　The original meaning of this proverb is that

b．具体的な使用場面・文脈を示す頭出しチャンク

We generally use this proverb when we describe a situation in which

We tend to quote this proverb when we experience something

It is used [quoted] when we want to say that

It is used [quoted] in a daily life to indicate that

This particularly applies to people who

This particularly refers to people who

c．その場面での意味，教訓を示す頭出しチャンク

The lesson that this proverb teaches us is that

We find in this proverb the truth that

We learn from this proverb that

This proverb teaches us that

This proverb warns us to do / not to do

This proverb reminds us that

Step 3 例題を使って説明文の定型をなぞる

それでは，上のモデル文，そして構成と頭出しチャンクを参考に取り組める例題から生徒に取り組ませましょう。

> 例題：「雨降って地固まる」という日本語のことわざを英語で説明しましょう。

Step 4 アイディアジェネレーションの段階

次に，実際にアイディアを出していくわけですが，CUBING (pp.49-50を参照)の6項目のうち，主として「連想」「比較・対照」の発想を用いることで，状況を明確に表現できます。対比のうち，「雨が降る前」の状況をイメージできることが重要です。多くの

高校生は二項対立での対比は得意としていますが，第三の視点を考えられれば，より適切な状況の把握が可能となります。

	雨が降る前	雨が降ったあと	晴れ上がった後
天候の状況	曇り空	雨雲 風雨	快晴
地面の状態	あまり固くなく不安定	ぬかるみ，不安定さが増す	以前よりも固くなり安定

ここまで情報を整理してから，それぞれが何を比喩的に表しているかを考えるわけです。

「クラス，家族，チーム，友人間の人間関係が，不安定な時に，ちょっとした意見の相違から口論などになり，よけいに不安定な人間関係になるかと思いきや，そこで不満をはき出し本音を出し合うことで，お互いの理解が深まり，以前よりもしっかりした人間関係が築かれる」

というような理解ができていれば十分でしょう。

Step 5　ドラフトとフィードバック

　次に実際に前年度の生徒が書いた英文を元に，どのように書き直せばもっと良くなるかを指摘し，生徒が犯しやすい誤りに注意を促します。

〈Draft A（思うように英語が書けずに途中で挫折してしまった例）〉

　"Ame futte ji katamaru" (1) <u>originally means whenever trouble happens, there are ways to solve by having arguments.</u> (2) <u>Arguments give us an opportunity to understand each other's mind more than before.</u> (3) <u>Therefore,</u> having arguments all the better leads to a good result. This proverb makes me recall the volleyball team I belong to in my high school ....

指導の流れは以下のようになります。

(1) これでは文字通りの意味ではなく，英語による状況説明をいきなりしていることになります。「雨が降る」「地が固まる」の文字通りの意味をまず英語で言っておいて，その後に，英語の説明をする方がよいでしょう。まずは，型どおりに構成し，具体的な内容，エピソードで自分らしさを表すのが良いでしょう。はじめから英語らしさやオリジナリティーを求めすぎるのではなく，まずは読み手が安心できる「型」を満たすことを考えましょう。

(2) 第一文で英語による状況説明をしてしまったので，この第二文が，文字通りの意味をうけての具体的事例なのか，それともさらなる語句の説明なのかが曖昧になってしまいました。頭出しチャンクの，bの例を参考にしましょう。

(3) というわけで，結論を導くはずのthereforeの効き目がうすくなっています。この後に個人的な経験に基づく具体的な例が続くとしたら，このような結論を導くつなぎ語の使用は不適切となります。同じ課題を選んだ人との情報交換の作業があったわけですから，その時間をもっと有効に使うべきでした。

〈Draft B（日本語のことわざの理解が不十分で説明が曖昧になってしまった例）〉

The literal meaning of "Ame Futte Ji Katamaru" is that it rains, and the ground gets harder. (1) <u>This proverb is used when I made up a quarrel with a person or when I wanted to cheer a person up without being discouraged at any kind of hardship.</u> Thus, the lesson that this proverb teaches us is (2) <u>that after an unpleasant event occurs, we are in a better condition than before.</u> (3) <u>This proverb is derived from the meaning that after</u>

it rained, the ground would become rather hard.

　このサンプルでは主語の立て方や語の使い方などに問題があります。以下3つの点にしぼってみていきましょう。

(1) ... is when と具体的なことわざの使用事例の説明をする部分で，いきなり "I" と自分のことを書き，そこが過去形での記述になっています。"is used" であれば，あることがらを一般論として述べる部分となるはずですから，"you" とか "they"，"we" などの人称代名詞，または someone など不特定を表す名詞を用いて，現在時制で記述するのが望ましいでしょう。

　また，「ケンカの後の仲直り」という意味合いで用いるのであれば，make [patch] up a quarrel with someone; make up with someone after a quarrel などが適切です。この文章での問題は，or のあとの without being discouraged です。ここでの「落胆する」意味上の主語は誰でしょうか？曖昧ですね。主語をよく考え，「落胆しないように」のように「意図・目的」と考えれば，受験でもおなじみの構文，**so that** they **won't** be discouraged などを使うことができます。

(2) このことわざは，単に「不都合なことが起きた後」ではなく，「その不都合を解決したあとに，よりよくなる」とか「不都合なことをマイナスで終わらせないように，一致団結しよう」という意味合いで用いられていることが多いはずです。キーワードとして improve; solve; make the situation better など「改善」や「解決」「向上」といった語句が欲しいところです。

(3) ここは冒頭の「定義」の文が適切なら不要だったはず。日本語のことわざの正しい理解が前提です。

Step 6　最終作品例

　同じ課題での優秀作品を紹介しましょう。全体構成と頭出し

チャンクに注意させます。このような生徒の作品を素材として，「イカソーメン」を再度活用するのも良いでしょう。

"Ame futte ji katamaru" is one of the most common Japanese proverbs. The literal meaning of this proverb is that the ground gets harder after a rainfall. The rain makes the ground muddy, but once it stops raining and the ground gets dry, the ground gets harder than ever.

We generally use this proverb when we talk about the improvement of human relations. For example, when a baseball team gains stronger solidarity after experiencing arguments among its members, this proverb is suitably quoted.

The lesson this proverb teaches us is that disagreement, arguments or difficulties serve as opportunities to make relationships better than before. This sounds somewhat paradoxical, but it indicates the complexity of human ties. (116 words)

Step 7　応用例

モデルを学び，例題で注意点を学んだら，次は実地です。

次のことわざ・慣用句のうち，1つを選んで，日本にはじめて来た人が日本での生活が円滑に進むように，80-150語の英語で説明しなさい。その際，

　a．文字通りの意味
　b．具体的な使用場面
　c．その場面での意味・教訓

を必ず含めること。

　　　1．身から出た錆
　　　2．泣きっ面に蜂

同じ番号を選択した生徒同士で，Step 4の手順にならって，アイディアジェネレーションを行うなどして，語句レベルでの躓きを軽減することが必要でしょう。

　例題があるとはいえ，やはり誤りは生じてきますので，ドラフトを元にフィードバックを与え，最終的な書き直しをさせます。

【フィードバック例】

〈Draft A（身から出た錆）〉

"Mi kara deta sabi" (1)<u>in direct translation means "rust coming out of body."</u> This saying is usually said to a person whose fault has caused him or her a misfortune. This proverb (2)<u>is usually translated as "You asked for it."</u> This proverb (3)<u>is used in a situation like</u>, "This has happened because you asked for it." It means that misfortune has happened to you because of your bad actions. (4)<u>The meaning of this saying is that</u> you will experience misfortune because of what you have done wrong.

　(1)と(2)の違いは何でしょうか？　1で文字通りの意味を示したのなら，そのあとは具体的な事例を述べるべきです。中途半端に英語での対応することわざを述べても，その英語のことわざはどういうときに使うのかが一致していることを同時に示さなければ課題の要求に応えたことになりません。ここでは，第二文ですでに，誰に向かっていうことわざかが書いてありますね。そこに合わせましょう。

　(2)でこの翻訳の部分をどうしてもいいたいのであれば，In such a situation, they usually say … in English. などとして，英語の慣用句を示すとよいでしょう。

　(3)&(4)ではより具体的な事例を述べるはずなのに，説明のレベルが一般論のまま深まっていきません。ここでいう fault がどんなことで，misfortune がどんなことなのか，が具体的に支持さ

れないまま終わってしまうので，同じことが具象抽象のレベルが同じまま説明されているので，読み手はくどく感じるだけでなく，充分に説明されていないと感じることになります。また，saying と proverb は違うものなので，どちらかに統一することが必要です。

〈Draft B（泣きっ面に蜂）〉

The original meaning of "Nakitsura-ni-hachi" is "a bee stings someone's crying face" (1) in English. This proverb is a popular one in Japan and describes the scene in which (2) unlucky persons are struck by different unhappiness, so we use this proverb when we see a person who was struck by (3) successive bad luck. The lesson that this proverb teaches us is that (4) unhappy or unlucky things strike us successively. In other words, (5) if we don't change our ways after misfortunes happened, another unhappy thing will strike us.

(1) もう既に英語で書いているのだから不要です。

(2) 品詞の混同は要注意。lucky; unlucky は形容詞。Luck は名詞です。「不幸」というような misfortune の意味では，他に bad luck とか hard luck; ill luck などと言います。

(3) unhappy は形容詞。名詞は unhappiness ですが，これは不可算名詞なので，数を積み重ねられませんから successive とは一緒には使いにくい語です。可算名詞の misfortunes を代わりに使いましょう。

(4) (2), (3), (4)と同じことを繰り返してしまい，具象・抽象のレベル，一般・特殊のレベルが変わらないので，説明が深まった感じがしないまま終わっています。

(5) このことわざは，不幸を笑うことで楽観的にその後の行動に移れるようにする時に用いられるのではないでしょうか？「そ

んなことをしていると，泣きっ面に蜂になるぞ!! 気をつけろ」というような文脈ではあまり用いません。日本語の正しい理解も重要ですね。

〈生徒作品例〉

1.

I will tell you about a Japanese proverb "Mi-kara-deta-sabi". The literal meaning of this proverb is "rust coming from yourself". You generally use this proverb when you meet some misfortune or trouble that you have asked for. You have not done enough preparation for the exam and you fail, or you are scolded by the teacher since you haven't submitted your assignment in time. These are a good example of "Mi-kara-deta-sabi" situations. In that case, you may want to use this proverb with regret or self-pity. The lesson we learn from this is that you have to reap what you have sown. (102 words)

2.

"Nakittsura-ni-hachi" is a Japanese proverb, each part of which means "a crying face" and "a bee" or "a hornet" respectively. The sentence literally means that a bee stings someone on the crying face. This proverb is used when someone who suffers a misfortune gets another. The proverb comes from a story where a man crying with some pain experiences something even more painful when getting stung by a bee. The moral lesson of this proverb is that you should be even more careful when you are in trouble since misfortunes never come singly. (93 words)

この課題の他に，類似した教訓を表す他の慣用句・ことわざを書かせることで，定型表現に習熟させることができます。たとえ

ば，「自分のまいた種」ということわざは，「身から出た錆」と似た教訓を表すので，文字通りの意味や定義を英語で表現するところに注意すれば，容易に書き上げることができます。

１．自分のまいた種（「身から出た錆」から転用可能）

"Jibun-no-maita-tane" is a Japanese proverb. This proverb literally means "seeds that you sow yourself". As you reap what you sow, you must accept the consequences of your own deeds. We generally use this proverb when we refer to someone's fault or responsibility. For example, if someone gets drunk and drives a car ending up in a fatal accident, this proverb is suitably quoted. He just asked for trouble. No one else but him is to blame for the accident. The lesson that the proverb teaches us is that we are all responsible for a mistake which we have made ourselves. (100 words)

２．踏んだり蹴ったり（「泣きっ面に蜂」から転用可能）

"Hundarikettari" is one of the most common Japanese proverbs. It literally means "stomping and kicking," but practically it refers to some suffering of "being stomped and kicked". A man who goes through one bitter experience often meets with another. In other words, he has a run of bad-luck. We generally use this proverb when we talk about our own misfortunes. For example, when someone falls down in the street, he drops his wallet in the gutter. This is when he suitably quotes this proverb. (85 words)

2-6 Argumentative なライティング指導（対象学年：高校３年生　タイプ：論証文）

Argumentativeなライティング指導では，論理，そして構成・展開の指導が不可欠なのですが，論理構成と個々の英語表現の両方を一度に要求してもうまくいかないことが多々あります。「和文英訳に取って代わる，パラグラフ・ライティング」という二者択一の発想ではなく，論理構成や展開の枠組みは教師が与え，その与えられた枠の中で自分の頭に浮かんだアイディアを生徒は英語で書いていく，という活動に取り組ませることで，個々の英語表現に対するフィードバックを適切に行うことができ，教室の中でしかできない効果的な指導が生まれてきます。

　この段階になると，ひとつのパラグラフの中だけでの論理展開には無理が出てくるので，序論（introductory paragraph），本論（body：複数のパラグラフ），結論（concluding paragraph）というようにマルチ・パラグラフ（essay）の形をとることが多くあります。

　以下，おおまかな指導手順をあげます。

Step 1
　序論・導入にあたる部分と結論にあたる部分は英語で与え，本論での理由付け・裏付けの部分を書かせる。

Step 2
　序論と本論の部分は英語で与え，結論部分での言い換え・再強調の部分を書かせる。

Step 3
　本論と結論の部分は英語で与え，序論・導入にあたる部分を書かせる。

　それぞれの段階で，完成した英文に対し，適切なフィードバッ

クを与えた後，全文を書き直す，または清書，さらにその英文を音読することで，より長い英文のなかでの論理構成・展開，その主張を効果的に行うための個々の表現を強く意識し，定着させることにつながります。

Step 1 の指導例
2.6.1　法律による年齢制限の適否を考える
現行の法律では，
- 運転免許（原付16歳，自動車18歳など）
- 結婚（女性16歳，男性18歳，ただし保護者の同意が必要）
- 選挙権（20歳）
- 国民年金
- 飲酒・喫煙（20歳）
- 成人（20歳）
- 大学入学（原則として18歳以上）

など，さまざまな年齢で様々な権利・資格が与えられています。このうち，成人年齢を現行の20歳から，18歳に引き下げることについて，賛成・反対などの立場を明らかにして自分の考えを150語程度の英語で述べなさい。

【アイディアジェネレーションの段階】

この段階では，生徒の「何を書けばいいのかわからない」という躓きへの手当てをすることが大切です。SPRE/R と呼ばれる，アイディアジェネレーションの手法を用いての指導例です (White, R. and Arndt, V. (1991). *Process Writing*. London: Longman. を参照)。SPRE/R は，次のそれぞれの頭文字を繋げたものです。

S＝situation
P＝problem(s)
R＝resolution（または response）

E = evaluation
R = result(s)

以下のような表を利用して，アイディアを出させていくことが可能です。板書またはワークシートを用いて，アイディアのキーワードに該当する英語表現を確認していきます。

	18歳への引き下げに反対	18歳への引き下げに賛成
S 現状分析	成人年齢が20歳である；飲酒・喫煙・選挙権も20歳である。※注	
P 問題点の所在	現行の20歳で問題はない	現行の20歳のここが問題 問題点その1　→ 問題点その2　→
R 改善の方策・対処	20歳のままでよい	18歳に引き下げることで改善できる点 問題点その1→ 問題点その2→
E/R 評価及び結果	18歳に引き下げることのマイナス面 →	18歳にすることのマイナス面と，問題点その1，その2が解消するプラス面とを比べて，どちらが大きな意味を持つか？

※注：参考資料として，世界主要国の成人年齢を一覧の形で示すと良いでしょう。

> 課題1：ペアまたはグループで，ディベートのように2つの立場に分かれて，上記の表のそれぞれの項目に該当するようなアイディアを補充しなさい。

この段階で，すぐに英語のテーマ関連語彙が使いこなせることは稀なので，まず論理構成の整理をして，「では英語ではどう言えばいいのか？」という準備をさせることが大切です。

　前年度に同じトピックで生徒に書かせた英文があれば，それを予め読ませたり，聞かせたりすることで，このトピックを語る，記述するために必要なキーワードをこの段階で充分に知らしめておくことができます。

　次に，上記のアイディアをもとに，英語での立論に移ります（立論とは，ディベートでは頻繁に用いられることばですが，「自らの主張を述べ，その根拠を示すこと」です。自分から離れても，その主張・意見が自立するように「論を立てる」わけです）。生徒の状況に応じて，以下のような語彙のリストを事前に配布するか，板書することが必要になるでしょう。

☐　飲酒喫煙できる年齢：the legal age for drinking and smoking
☐　成人年齢：the legal age of adulthood;　the age of majority
☐　選挙権を持つ年齢：the minimum voting age (in elections)
☐　結婚できる年齢：the minimum age for marriage
☐　民法：the Civil Law
☐　国民投票（法）：the national referendum (law)

> 課題2：次の英文を読み，空所に，下記語群より適切な文を選んで補充完成しなさい。

　論理展開やアイディアが固まったといっても，それは母語である日本語の助けを借りて行われていることがほとんどなので，英語として適切な表現を，テーマごとに手当てしてあげる必要があります。ここでは，空所補充の形で論理展開にふさわしい英語表現を選ぶのですが，その結果完成した英文が論証文のモデルとな

ることを想定しています。

〈成人年齢の引き下げに反対の意見（＝現状維持）〉

I strongly believe that the age of adulthood in Japan is reasonable.

My primary reason is that non-adults such as 18-year-old people are very (1.　　　) to be an adult. Most 18-year-old people in Japan have been (2.　　　) by schools and their parents and have not been independent (3.　　　).

In some other countries, the age of adulthood is 18, but it is (4.　　　) people work or start working when they are 18.

Some people might believe that therefore the age of adulthood should be raised. But raising the age of adulthood would make it (5.　　　) for young people to (6.　　　) they need to be independent.

From those reasons above, I state again that the age of adulthood in Japan should be 20 as it is now.

1．unstable
2．taken care of
3．economically
4．because
5．slower
6．realize

生徒の習熟度によっては，スクリプトを読み上げ聴き取りでの空所補充としてもよいでしょう。読解の教材では難易度の高い素材でこのような空所補充による英文を完成する活動を経験していることでしょうが，テクストタイプがargumentativeなものに変わって，100語程度でのまとまった論理構成を持つ文章で，高校生レベルの語彙や構文を用いたモデルを英語IIやreadingの教

科書ではほとんど与えられていないのが現状です。聴き取りや空所補充の結果，完成した文章がライティングのモデルとして機能することに意味があるということを指導者はよく理解しておく必要があります。

　ここでは，空所は，ボディ（本論）の部分にのみ施しています。序論でのきちんとした文構造・語彙，結論での言い換えはさらに練習が必要となるので，この段階では序論・結論の英語表現は全て与えてしまい，完成した文章の全文を音読する，筆写（視写）することによってintakeを図るのが望ましいと考えます。

●主張を裏付けるための表現で注意すべき語句

　次のような形容詞は，筆者の単なる主観ではないことを示すために，具体的な裏付けが望ましいので，書きっぱなしにならないよう気をつけさせたいものです。

possible / likely / probable

natural / logical / reasonable / valid

clear / evident / obvious

> 課題3：次の空所に適切な表現を補充し，文章を完成しなさい。その際，課題1で作成した表，さらに，課題2で完成した英文を参考にして，意見を整理すること。

　課題2での反対意見を踏まえて，逆の立場・視点から立論し，英語での表現に繋げていきます。語句レベルの空所補充から，文レベルの文補充と活動の難易度も上がっています。

〈成人年齢の引き下げに賛成の意見〉

I don't think that the age of legal adulthood in Japan is reasonable. It should be lowered to the age of 18.

　My primary reason for this is that　①＿＿＿＿＿＿＿＿＿＿．

　Another reason is that　②＿＿＿＿＿＿＿＿＿＿＿＿．

From these reasons above, I state again that the age of majority in Japan should be lowered to 18 as soon as possible.

①②で考えられる理由付けの例

- the birth rate is lowering and there will be fewer and fewer potential voters if the voting age is 20 as it is now.
- the world is now more and more borderless and the majority of the countries worldwide set the age of official adulthood as 18.
- the age of majority is the permission to exercise rights and responsibilities in a democratic society. The fact that the legal age of marriage is now 18 for men clearly shows that people at that age can be fully responsible in society.
- It is true that women are allowed to be married at age 16 with parental consent, but very few of those who are 16 and 17 exercise their right now.
- The age of majority is something legal and political rather than physical or developmental. In the US, for example, they are not allowed to drink alcohol until the age of 21, though the age of majority is 18 in most states.

課題4：ピア・レビュー
隣の生徒に自分の原稿を読んでもらい，主張の裏付けとして適切かを評価してもらいましょう。

　大まかな論点は整理しているので，ここでは，主としてよく書けている生徒の英語表現，語彙，構文に着目してフィードバックを得ることが目的です。

課題5：書き直し
他の生徒からの，コメントを受けて書き直します。それぞれの

> コメントが自分の原稿のどの部分に当てはまるかをよく考えましょう。その際に，語句・表現は先生に確認するか，辞書を引き品詞・語法の間違いをしないよう気をつけましょう。

書き直しの活動が語彙・表現・文法の定着を促します。ともすれば時間が無く，視写を軽視しがちな高校段階では，最後は全文を音読し，初めから終わりまで筆写することが望ましいと考えます。

〈完成英文例〉

I don't think that the age of legal adulthood in Japan is reasonable. It should be lowered to 18.

My primary reason for this is that the age of majority is the permission to exercise rights and responsibilities in a democratic society. The legal age of marriage, for example, is now 18 for men. That means that people at that age can be fully responsible in society.

Another reason is that the age of majority is something legal and political rather than physical or developmental. In the US, for example, they are not allowed to drink alcohol until the age of 21, though the age of majority is 18 in most states.

From these reasons above, I state again that the age of majority in Japan should be lowered to 18 as soon as possible. (135 words)

Step 2 の指導例

結論部分で，自分が最初に行った主張からはずれることなく，首尾一貫した論理を述べることは多くの高校生が難しいと感じています。導入での主張を本論で裏付けたのだから，そこまでで充

分と感じることが多いようです。また，結論部分で何かを新たに主張してしまったり，自分と反対の立場の意見に対して理解をみせたりすることで，首尾一貫せず，却って内容を拙いものにしてしまうことも数多く見られます。

このような場合には，結論部分のみを自分で書く活動に取り組ませることが効果的です。IELTS（International English Language Testing System）などで課されるデータや数値などを引用して自分の主張を裏付けるタイプの課題であっても，序論・本論を与えておき，結論部分を書かせることで，数量・増減・比率などの定型表現のモデルも効果的に示すことができ，説明文へのさらなる習熟が期待できます。以下，指導例をあげます。

2.6.2 高等教育について：資料を基にニート，フリーターについての自分の意見を書く

課題1：課題文を読む

ニートの問題が日本でも深刻化しています。

以下の資料を読み，NEETの増加に対するこの政策に対して，賛成・反対の立場を明らかにして自分の意見を150語程度の英語で述べなさい。

People aged between 15 and 34 who are not engaged in employment, education or training — NEETs — reached a record-high of about 640,000 in 2004, up from 480,000 in 1999 and 400,000 in 1993, according to the Health, Labor and Welfare Ministry. NEETs in Japan tend to be "hikikomori," or young shut-ins.

Politicians and experts are worried about the rising number of NEETs because, as the population ages, the young will have a greater responsibility to keep the health, pension and welfare systems afloat.

The government has a re-education program for NEETs. It put 980 million yen into it in fiscal 2005, and between last July and March, 20 private schools, nonprofit organizations and other youth support groups ran live-in programs, outlined by the government, for 446 NEETs to "learn discipline in their daily lives, become career-conscious and participate in vocational training," according to the funding program description.

(*The Japan Times* Friday, May 5, 2006 記事:"NEETs get career help, but at a price" より抜粋)

課題2:政策に対して反対の意見を書く

I am against the policy of spending 980 million yen on helping youngsters find jobs. I think so for the following reasons.

First, the money spent on the program would not be effective for all the NEETs there are today. There are several different kinds of people in the single word "NEET." People tend to think every NEET is lazy. However, that is a wrong image. Some people are sick or injured, some have quit their previous jobs because of a desperate situation, and those who are just lazy are only a small number of them. It is better to spend money on the first two groups of NEETs, solving problems in welfare and the workplace.

Second, it is only when the NEETs realize the problem as

their own that they start to acquire the skills they need to work. As long as the government forces them to get involved, they won't perceive that the problems lie in themselves, and so the money spent on the educational program would be a great waste.

> Considering all the factors above, _____
> _____
> _____

ペアまたはグループで考えさせ、結論部分での言い換え候補を板書していきます。最終的に教師からのフィードバックを経て、2，3の適切な例を残し、全文の音読と筆写（視写）をさせ、反対意見のモデル文として語彙や構文を確認するとよいでしょう。

- The government should alter its policy of using 980 million yen on helping youngsters find jobs.
- I strongly believe that the government should stop inventing that amount of money on the NEET education program.
- I take a position against the government who would support the NEETs in Japan educationally and financially.
- I find it doubtful that the plan of investing a lot of money to help NEETs into workforce would be carried out successfully.

課題3：政策に対しての賛成意見を書く

次にこの文章に対して、政策に対して賛成の意見で立論させます。反対意見がモデル文として与えられているとは言っても、自力で最初から最後まで書ききるには高い習熟度が要求されますから、複数の生徒が書き足していくことで文章を発展・完成させる

チェーンライティングの手法をペアやグループで用いて、習熟度の高い生徒の書く英語を有効活用することで、賛成意見を完成させることをねらいます。

| 1　序論（＝生徒各自が考える賛成意見の表明） |

↓次の生徒に回す（またはペアの生徒と交換）

| 2　本論：理由付け1 |

↓次の生徒に回す（または自分に戻す）

| 3　譲歩＝理由付け1に対する反論 |

↓次の生徒に回す（またはペアの生徒と交換）

| 4　譲歩に対する反論（＝賛成意見の支持） |

↓ここで本人に戻す

| 5　結論（＝序論の言い換え＝一番最初に書いた賛成意見の再主張） |

ここでも、部分的に教師の側ですでに用意した英文を与えることで、難易度を調整することが可能です。論理展開の不備を未然に防ぐのであれば、1．序論から2．本論（理由付け）の部分までを与え、その意見と理由付けに対する反論を考え、英語で表現するところにフィードバックを与えることで、添削の労を減ずる効果もあるでしょう。自分の意見をまとまった英文で書く活動をどのように下位タスクに分割すれば生徒は書きやすくなるか、個々の英語表現の指導を充実させられるかに準備段階でのエネルギーを割いてみましょう。

〈解答例1〉

1．I support the government policy of investing a lot of

money on educating NEET people to find jobs.
2. This is because NEET people are those who couldn't help themselves to be independent.
3. It is true that the school education they have been provided did not have any effect.
4. However, further education alone would inspire them to change the way they are.
5. That is why I agree with the education program that government plans to carry out.

論証文では，生徒はとかく，全ての部分に意見を書きがちですが，主張→その理由，という論理展開を学ぶ上で，②の部分が意見ではなく，事実や引用などできちんと理由付けができているかに関して適切な指導を与えることが大切です。

この作業を教室で行い，ドラフトを訂正していく過程で，以下のようなテーマ，トピックに関わる基本語彙が整理できます。

☐ 安定する　attain stability
☐ 生き甲斐　worth living / a reason for living
☐ 学歴がある　be highly educated / have a good educational backgroound
☐ 学歴社会　diploma-oriented society / a society which is diploma-oriented
☐ 生計を立てる　earn living　☐ 報酬を得る　get pay / get rewards
☐ 経験を生かす　make good use of one's experience
☐ 能力を生かす　make good use of one's ability
☐ 経験を積む　acquire experience / build up one's experience
☐ フリーター　job-hopping part-time worker(s)
　　　　　　　young job-hopper(s)

- [ ] young person without fixed employment(s) part time occasional worker who does not have any future working plan
- [ ] 社会貢献　contribution to society
- [ ] 男女雇用機会均等法　Equal Employment Opportunity Act
- [ ] 〜を差別する　discriminate against
- [ ] 〜の資格を持つ　be qualified as
- [ ] 〜の適性がある　have an aptitude for
- [ ] 再就職　reemployment
- [ ] 終身雇用制　lifetime employment system
- [ ] 定職に就く　get a permanent job
- [ ] 失業する　lose one's job
- [ ] 〜を解雇する　dismiss / fire
- [ ] 退職する　retire
- [ ] 退職金　retirement pay
- [ ] 老後　post retirement age
- [ ] 年金を払う　pay for a pension
- [ ] 失業者　unemployed person
- [ ] 生活保護を受ける　receive public assistance
- [ ] 転職　changing one's occupation
- [ ] 人材派遣　dispatching temporary staff
- [ ] リストラする　dismiss someone for restructuring / fire someone for restructuring
- [ ] 核家族化　spread of the nuclear family / the trend toward the nuclear family
- [ ] 同居する　live together with
- [ ] 共働きをする　both husband and wife have jobs
- [ ] 家庭崩壊　destruction of the family / family breakdown
- [ ] 家事を分担する　do one's share of the housework

- ☐ 義務を果たす　do one's duties / fulfill one's duties / meet one's responsibiities
- ☐ 無責任な　irresponsible
- ☐ 問題を先送りする　postpone a problem
- ☐ しつけがなっていない　be not raised correctly　☐ 過保護　excessive protection
- ☐ 自立する　support oneself / be independent / stand on one's own
- ☐ 自立を支援する　support one's independence
- ☐ 支援のあり方を問う　consider what the ideal method of support
- ☐ 落ちこぼれ　dropout
- ☐ 〜から意欲を引き出す　bring out motivation from 〜
- ☐ 〜に影響を及ぼす　have an influence on 〜
- ☐ 競争心を煽る　arouse a spirit of competition
- ☐ 協調性を身につける　acquire cooperativeness / learn to work well with others
- ☐ 帰属意識　sense of affiliation
- ☐ 不登校になる　refuse to go to school
- ☐ 引きこもる　be a recluse / shut oneself in one's home
- ☐ 〜に対する偏見をなくす　abolish a prejudice against
- ☐ 相互理解を深める　deepen mutual understanding　☐ 誤解を解く　solve a misunderstanding
- ☐ 地方自治体　local government

このような段階的な指導を経て，予め英語表現，形式を与えておいて，その表現を繰り返し使う中で，習得を強化していくアプローチが有効です。以下に，argumentative な文章を書く上で有益な表現をまとめておきます。

【自分の意見を切り出す頭出しチャンク】

- **In my opinion [view]**, competition is the most important factor for success in higher education.
- **From my point of view**, the ability to teach yourself is the key factor for success.
- **I believe that** those who wish to enter college should be welcome only if they are prepared enough academically.
- **I agree that** people **should** have equal opportunities as long as they have equal academic standards.
- **I support the idea that** higher education should be open to everybody who wishes to study further.
- **I disagree with the idea that** higher education should only accept good students.
- **I don't think it is a good idea for** colleges **to** accept everybody who wish to study there.
- **To me**, there is nothing more important than good education. Both good and bad students should have the opportunity to attend college.
- **I argue that** one advantage in studying at competitive college would be self-esteem and severe competition means a lot to students.

【理由を述べるときの頭出しチャンク】

- I have **two major reasons to support my view. One** is ..., and **the other** is ....

※名詞句なら名詞句で，節（＝S＋V）なら節でそろえること。

- My **primary reason** is that S＋V ...　**Another reason** is that S＋V ....

【結論に移ることを示す頭出しチャンク】

- **Considering these** reasons above, I strongly believe that S＋V ....
- **Considering all** of the above factors, I argue that S＋V ...
- **Therefore**, I support the idea that S＋V .... / **Consequently**, I think it is a better idea that S＋V ....

【比較対照での定型表現】

〈句によるもの〉

- **Different from** students in the United States, students in Japan are generally dependent on their parents financially.
- **In contrast to** colleges in the United States, Japanese colleges are said to be easier to graduate from than to get into.
- **People with** college degrees make **more** money **and** have **more** opportunities **than those without**.

〈節によるもの〉

- **While** students with limited academic preparation still need a lot of remedial work at university, those with basic knowledge are prepared enough to study at university level immediately.

〈文と文をつなぐもの〉

- More than seventy percent of students used to read a newspaper to catch up the times. **In contrast**, barely half of them do so today. Around half of them are not prepared for higher education.
- Those who graduated from high school before 1990 were expected to acquire more than 4000 English words. **On the other hand**, students today only learn 2900 words in high school. They will have to catch up individually or they will have to go to a cram school.

- People are crazy about getting into some competitive private junior high schools, or even elementary schools, attached to colleges, saying that they do not have to cram for university entrance examination. In preparation for higher education, **however**, more and more of those students are going to other colleges with more academic reputation or privileges.
- In the United States, college means a time to separate from their parents and begin to define themselves as a person. **However**, here in Japan, most students depend on their parents financially.
- A lot of people say that the Japanese are hardworking. **On the contrary**, I found they are too busy arranging drinking parties to study.

【譲歩を述べるときのつなぎ語】

- Some students have difficulty supporting themselves financially **even though** they have high academic standards.
- **It is true** that competition would be less severe if everybody can enter the college they wish to. When it comes to job hunting, **however**, there will be even severer competition.
- **Some people might believe** that there should be less competition for higher education with fewer children. **But personally, I think** that there would be even severer competition for primary education **if** everybody could get into the college they wished to.
- **It might seem like** a waste of money to send someone to college who might not be able to handle the course work. **Still**, education is a valuable investment in future career

earnings.

Step 3 の指導例

argumentative な文章において，最も難しいのが thesis statement を適切かつ効果的に書くことです。論理的思考を働かせ主題を突き詰めていくと，語彙の選択・構文の選択で英語力の差が顕著に現れます。賛成・反対など立場の分かれる課題で書かせる場合には，ディベートやディスカッションのように，両方の立場で考えさせた後に再度，自分の意見を書かせることが効果的です。

次の指導例のように，極めて簡単なものから始め，音読筆写の活用を忘れずに行うことで，安心して，自信を持ってスキルの習得に励むことができるようになります。

2.6.3 仕事と家庭に関する自分の意見を述べる

> 課題：下記の(1), (2)の英文は，それぞれ〈本論＋結論〉のみを示してあります。この本論・結論にうまく繋がるような序論・導入を(a), (b)より選び，論理展開の繋がり，表現を確認しなさい。

(1)

First, with more money, I can provide my family with better housing, cars, and education for a more fulfilling life. Life would be more satisfying and rich if you could afford things you wish, mentally and practically. Second, by working hard, you cannot only get morc money, but also the status in society which would give you more opportunities for self-realization.

Therefore, I would choose a high-paying job with long hours even if it means less time spent with my family and friends.

(2)

First, I believe that spending time with somebody you love is the happiest moment in life. The shared experience and memories could not be bought. Second, you could devote yourself to your interests in your free time. The important thing is that you are satisfied and happy with your life. As long as you feel so, money is not a big problem.

Considering these two factors, I would find it more valuable if I have a job that allows a lot of time to spend with my family and friends regardless of how much I earn.

(a) I would choose a lower-paying job with shorter hours that would give me more time to spend with my family and friends. There are two important things in life that could not be achieved with money.

(b) I would choose a high-paying job with long hours even if it would give me little time to spend with my family and friends. As the proverb says, "Money talks," and I think there are two good points.

解答はそれぞれ，(1)-(b)，(2)-(a)です。

(1)では結論部分の，

Therefore, I would choose a high-paying job with long hours even if it means less time spent with my family and friends. での譲歩の even if が b. でも用いられていることがすぐに判るでしょう。結論部での言い換えの際には less time spent と過去分詞の後置修飾を使うことで，繰り返しを避け，簡潔な印象を与えていることに言及できるでしょう。

I would choose a high-paying job with long hours even if it would give me little time to spend with my family and friends. As the proverb says, "Money talks," and I think there are two good points.

(2)では，比較表現に着目して結論部分での，

I would find it more valuable if I have a job that allows a lot of time to spend with my family and friends regardless of how much I earn.

と表されている部分と，a．で示されている，

a lower-paying job with shorter hours that would give me more time to spend with my family and friends.

とが対応していることはすぐにわかるので，個々の表現により焦点を当て読み返させることが必要です。不定詞と関係代名詞の使い方がきちんと身についているかを問うことができるでしょう。

There are two important things in life that could not be achieved with money.

でも同様に関係詞と仮定法の助動詞を確認できます。

　このような簡単な課題で，論理構成・展開と個々の英語表現を関連させて指導することで，初めて論証文と呼ぶにふさわしい文章を自信を持って書くことができるようになると考えます。ともすれば最終段階で最も難易度が高いと生徒が敬遠しがちな論証文を完成させる中でも，適切な定義を表すために説明文的なテクストタイプの文章を書く知識や技能，自分の個人的体験などを一般化して記述する語り文を書く知識や技能が活かせるのだ，と意識を喚起することで自信を持たせることができます。以下指導例をあげます。

2.6.4 若者の自立に必要不可欠な要素とは何か？

> 課題：以下の課題に関して，導入・序論にあたる文を空所内に書きなさい。

> What do you think makes an independent person? What do you think is most necessary to be an independent person?

First, you need to be economically self-sufficient. There is no need to be rich, but if you do not want to be affected by others, it is an essential fact.

Second, an independent person has a strong will and the art of expressing personal opinions on various things, such as society, politics, and economics.

These two qualities would help us to live socially and to build good relationships with others as free human beings.

本論での理由付けの1.は economically self-sufficient とありますから，「経済・金銭面での自立」を第一義と考えていることがわかります。

理由付けの2.では，an independent person has a strong will and the art of expressing personal opinions … とありますから，「強い意志と自己表現」を次に重要な要素とみなしていることがわかります。

結論部分の these two qualities という表現から，この2つの資質を適切に英語で定義して，冒頭で示すことで「導入・序論」の完成になると考えられます。

ここでも，個人で取り組ませたあとで，ペアや小グループでのシェアリングが有効でしょう。クラスの中に習熟度の異なる生徒が混在しているからこそ可能な活動を積極的に活用しましょう。

- I believe that an independent person can ...
- An independent person is someone who can ...
- My definition of an independent person is someone who has ... abilities [characters / personality]

などの表現が活用できます。このような場合には，expositoryな文章を書く際に練習した定義の表現が活かせることを再度強調しておきます。

- I believe that an independent person can financially support themselves and their family, and have confidence in themselves when they are asked to choose something significant in life.
- An independent person is someone who can live financially without any help from others and can decide many of their choices on their own without being told to by others.
- My definition of an independent person is someone who has an assured and comfortable income and has a firm belief in life.

　この活動を踏まえて，同じ題で，再度自分の意見・考えを書かせることができます。

　この課題を実際に筆者の勤務校で行った際には全文を書かせたのですが，その時の生徒の作品では，導入の部分は以下のような英文でした。

> An independent person is somebody who can live their own life without any help or control of others. There are two things you need to achieve in order to be such a person.

このように，前年度の生徒作品を活用することで多様な活動を設計することが可能となります。パラグラフ・ライティングに取り組みながら，学期ごと年度ごとに振り返ることでより良い指導法が見つかってくることと思います。

立論に活かせる文，またこのトピックに関して有益な表現を生徒が実際にドラフトで用いたものから抜粋し，以下に列挙しておきます。

1. I think money is the most important thing for living independently.
2. I think it makes a person independent to take responsibility.
3. I think that you can tell a person is independent if he or she can think by themselves, and practice something by themselves.
4. I think a person's motivation to live independently is the key to growth and independence.
5. If you have a secure job, you get secure income and so you can live away from parents.
6. If you aren't economically independent from your parents, you will not be truly independent.
7. Self-control in any field is the key to independence. The "hardest" things are the most effective to an individual.
8. Independence means to be able to solve problems by oneself. Living away from parents is the most socially challenging activity for young people.
9. Living away from parents is the most effective way to develop an independent spirit in young people. Having a secure job is also very important, but without an independent

spirit, it is very difficult to have a secure job.
10. People gain responsibility by having a secure job. Money is necessary for independence. If parents live close to their children, children are inclined to depend on the parents. Gaining emotional and financial independence means leaving one's parents.
11. To be able to live alone means to earn enough money to live. It is not independence if someone receives money from his parents, even if he lives away from them. Social skills, experience in real life and society are also necessary.
12. Men tend to think a secure job is important for independence because they have more chances to work than women. On the other hand, women tend to think that bringing up children is necessary in order to be independent.
13. An independent person is someone who can make decisions by himself, and bear the responsibility for every decision.
14. It is necessary for a man to be engaged in a stable job in order to make a good living. Unless you have a secure job and earn money constantly, you may not be able to live alone nor take care of someone else.

【ドラフトに対するフィードバックの例】

ここでは生徒たちのドラフトの中に表れた表現の中から問題点をピックアップして解決します。

1. Every other element to be independent <u>is the basis of</u> bringing up our own family.
※ A is the basis of［または for］B という論理においては，A is essential to B; A is required for B ということで，優先順位や

重要度はAの方が高いことに注意しましょう。この例文の場合は逆にしなければ論理の破綻を来します。

※または，C be based on D という表現（こちらはDの方が重要であることを示す）に置き換えて，この順序を活かすこともできます。

2．Independence <u>is equal to</u> that they can earn <u>in person</u>. <u>Independence is that</u> human lives by oneself without assistance.

※ be equal to の後に節は不可。こういう場合は動詞の mean を使います。2文目も同様。in person は「他でもなくその人が直接」「代理人ではなく本人が」という用法が普通。earn の目的語を勝手に省略したのが不明瞭な文となった原因でしょう。

3．I think it's the best way <u>to be independence</u> <u>to get married</u>.

※形式主語の it を受ける不定詞はどちらか曖昧になるので，目的の方は in order to; so as to にするか，形式主語にせずに，不定詞を主語にするのが書きことばとしては望ましい。この場合は後者の方がいいでしょう。

4．I argue that there are <u>psychic independence</u> and <u>physical independence</u>.

※コロケーションの見直し。前者は mental が，後者は economical; financial または social の方が一般的では？

5．Most parents <u>live a long time bringing up</u> their children. <u>Therefore</u>, parents do not need helping right away. They have <u>an ability to live themselves</u>.

※最初の live は spend か？でも therefore と論理がつながらない。子育てを終えてからの人生が長い，ということか？

※ an ability to support themselves; an ability to live on their own という意味でしょうか？

6．Independent person don't depend on others for monetary and morally. With a secure job, I can afford continuously in terms of money and mental.
※名詞の数と主述の呼応。depend on A for B で A，B は共に名詞。monetary は形容詞，morally は副詞。
※ continuously は使い方がむずかしいので，別な表現を。steadily とか for the rest of life とかの工夫を。
※ money は名詞，mental は形容詞
7．Without economical independence, you cannot independent from your parents in other aspects.
※ independence は名詞，independent は形容詞。
8．Having a secure job needs to have responsibility to his work.
※ need は助動詞として使うなら原則として否定文・疑問文。一般動詞として使うのならモノにはモノ，事柄には事柄を対応させます。このように不定詞を使うのであれば，不定詞の意味上の主語を吟味しましょう。
※ Having a secure job **asks you to** have responsibility **for** your work. ←この ask の代わりに need を用いるのは間違いではないが薦められません。それだったら，have まで含めて，require とか，call for を用いる方がよいでしょう。
※ Having a secure job requires responsibility **for** the job.
※ In order to have a secure job, you **need to** have responsibility **for** the job.
※裏返せば，Unless you are responsible **for** it, you won't be able to have a secure job. ということです。
9．If I get out into the world, I would experience and learn various things there. They make an independent person

because I think that I would grow up mentally by <u>them</u>.

※ various＝many different ということだから，具体化。このままでは結局，they, them が分からずじまいで説得力に欠ける英文となります。

10. The other is that if they live all alone, <u>they</u> must do all of things <u>by oneself</u>. <u>That is why the young people are totally dependent on their parents</u> for food, clothing and shelter. <u>Therefore</u>, I <u>believed</u> that living away from parents is necessary.

※ oneself は代名詞に合わせて。ここでの A. That is why B. は本当に論理的整合性があるでしょうか？ここが整備できないと Therefore につながりません。

〈生徒作品例1〉

From my point of view, having a secure job is necessary for the growth of young people. I have two major reasons to support my view.

One is that an independent person is someone who is economically self-sufficient. In real life, money is essential for people to live on. You cannot maintain your cultural, spiritual, and social aspects of life without money. Thus, having a secure job and being able to earn an assured income is necessary.

The other is a matter of self-confidence. The fact that you have a secure job and earn money on your own will help build self-confidence socially, as well as materialistically.

Considering these reasons above, I strongly believe that having a secure job is an essential factor for young people to grow and acquire independence. (131 words)

〈生徒作品例2〉

In my opinion, bringing up children is most necessary for growth and independence of young people. To support my view, I want to point out that a mature and independent individual is someone who has the ability to control him or herself. In other words, a mature individual suppresses his or her greed or emotions. Children are certainly beings that take away your free time, for the reason that they need constant care. Therefore, bringing up children is something that cannot be done without self-control and endurance, and as I have stated above, those are important characteristics of a mature and independent individual. Things are not so easy in the real world as you would expect, and raising children is indeed a miniature of this matured life. (127 words)

　高校生の argumentation で顕著な不備を以下にあげておきます。

1．理由を述べる際に，現状を示すのみでおわっている。
- One reason is that most students depend on their parents financially.
- My primary reason is a general decline in academic standards.
- The other reason is that the number of people who don't either study or work at their occupation what is called part-time workers is increasing.

2．書いている当人は理由を示していると思っているが，それが実際にはその前に述べられたことの理由とはなっていない。
- One reason is that there are many people who can't enter colleges because the colleges impose their own entrance examination.

3．事実など客観的な記述でサポートするべきところにさらに意見を述べる。
- The other reason is that we should value our individuality.
- To help these people find what they want to do, higher education should be open to everybody.
- It is wrong to judge a person by his school background.
- As the case stands, I propose that an interview only for an entrance should be established.

これらの不備・誤りは，その前の「どのメッセージをサポートしたいのか？」を吟味しないと適切なフィードバックが与えられないため，指導には時間がかかることを認識しておく必要があります。文法的な誤りが一つもなくとも，英文としておかしな表現はライティングの授業をするからこそ現れてくるものなので，指導のチャンスととらえる教師側の姿勢が鍵です。

その他，
- 結論部分を「～でないわけではない」などの否定的な表現で終えてしまう。　→　できるだけ肯定的な表現に言い換えを求めます。
- 安易な For example　→　何の例なのか？その例によって何をサポートしたいのか？を自問させます。
- 安易な also; too; as well　→　何に何を付け加えたのかが曖昧。理由の追加なのか，具体例の追加なのか，など論理展開を吟味させます。
- and のペアのくずれ　→　とりわけ否定の文脈で or を使うべきところの and には要注意です。
- 漠然とした many, much　→　「many と書いたら How many? much と書いたら How much?」という合いことばを唱えさせます。

5 長期的評価　誤答分析

1 はじめに

　中学校現場でライティングを扱う際にさまざまな要因が働き，指導者は足踏みをしてしまう現状があります。まずはじめに筆者らが平成17年に千葉県内公立中学校103校の先生方からご協力いただいた，ライティングに関するアンケートの結果を見てみましょう。

項目：書く活動の中で，指導の難しさを感じる点はどこですか
〈4段階尺度評価〉
①よくあてはまる②ややあてはまる③あまりあてはまらない④あてはまらない

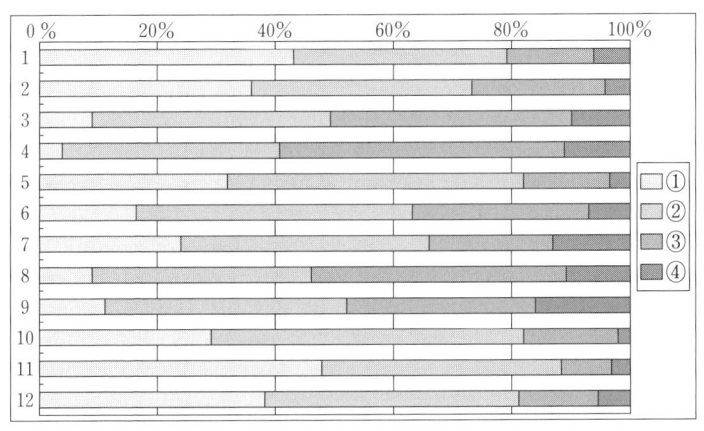

1）クラスサイズ
2）教科書を使った活動で時間がいっぱいになり，書く活動までいかない
3）アイデアを出させる指導方法がわからない
4）文章の展開の仕方がどのように指導するかその方法が分からない
5）作ったものを互いに発表する時間がとれない
6）意欲を持って生徒が書く場の設定が難しい
7）添削の時間がとれない
8）妥当な評価の仕方がわからない
9）生徒が書く活動に抵抗感を持っている
10）文法事項が身に付いていない
11）生徒の語彙数が少ない
12）英文を書くとき，日本語の干渉が入る

グラフで示すように7割以上の現場教員が困難と考えている項目は，以下の5項目です。

> 2）教科書を扱うだけでいっぱい　5）作らせたものを公開する場がない　10）文法事項が身に付いていない　11）生徒の語彙数が足らない　12）日本語の干渉が入る

この結果から，現実としては教科書を扱うのが精一杯であり，採用している教科書の4技能の扱いが授業に大きく作用することがわかります。また時間的な制約からせっかく生徒に書かせても，発表する場がとれない状況があります。ここで注目していただきたい点は，10），12）の項目です。80％以上の先生方が，学習者の文法事項の定着に関する問題，日本語と英語の文構造に関する問題（日本語の干渉）に指導の難しさを感じています。一方今回のアンケート項目で指導の困難さで最も低い割合が出たものは

4）の文章構成に関してでした。これは問題視されていないというよりも、そこまで守備範囲を広げられないという実状を表しているともとれます。書くことを通してのコミュニケーションに注目が高まってきている現在，この点についてさらに指導方法が求められてくるはずです。本書もその目的のために作られています。

そこで，この章ではライティングに関する学習者のつまずきと先生方の指導の困難な点に注目します。学習者が実際に書いた文並びに文章を取り上げ，そのつまずいている点を分析し，指導方法を考えていきます。

2 学習者のつまずき 1文レベル

英語を指導するに当たって，担当している学習者がどの程度の英語学習段階かを把握することは大変重要なことです。ライティングを指導する際には，まさに書かれたものがそのデータとして残るため，学習者・指導者にとっても，ライティングは大変有効な英語学習といえます。すでに1960年代にはCorder（1967）は学習者のエラー分析の意義を説き，Selinker（1972）は学習者の中間言語に注目していました。学習者に効果的なフィードバックを与えるためにも，ライティングを指導するに当たって誤答分析が大切な作業となります。ここでは，一文レベルでの誤答（エラー）分析，特に文法事項に関するエラーについて，分類整理し，エラー分析をどう授業内で生かしていくか提示していきます。

2-1 中学英語学習者の誤答分類

ここで紹介するサンプルは，国立大学附属中学2年（選択教科自由英作文課題＝「Eメールを書く」，サンプル数180），公立中学

3年（自由英作文課題，サンプル数35）が書いたものです。これをもって日本人中学生の中間言語をすべて網羅したとはいえませんし，トピックによってそのエラーはさまざまですが，以下のように分類整理をしたものから，学習者の一文レベルのつまずきを見てみましょう。

①主語と主題の混在
②日本語・英語「ＡはＢだ」文構造の混乱　主題が主語に
③一般動詞の重複
④be動詞と一般動詞の重複
⑤現在形・現在進行形の混乱　日英の差　「〜している」
⑥日本語・英語「ある」表現の混乱　be動詞／There is(are)／主語＋have(has)
⑦動詞の欠落
⑧主語の欠落
⑨「...'s」「... of ...」「の」の混乱
⑩日本語の語順のまま転移

以下，分類した項目ごとに典型例を紹介します。
①主語と主題の混在
　*I like musician is ○○.
　　（私はミュージシャンの○○が好きです）
②日本語・英語「ＡはＢだ」文構造の混乱　主題が主語に
　*My school *is* winter school holiday now.
　　「ＡはＢだ」構造をbe動詞で代用。（私の学校は今冬休みです）
〈以下同じパターン〉
　*My dream *is* cloth shop staff.
　　（私の夢は衣料店のスタッフになることです。）

*Japanese *is* black hair.（日本人は黒髪だ）
　　*My family *are* six.（私の家族は6人です）
③一般動詞の重複
　　*I *like sing* a song too. 動名詞を利用できない例。
　　（私は歌うのが好き）
〈以下同じパターン〉
　　*I *like go sleep* too.（寝るのも好き）
④be動詞と一般動詞の重複
　　*I'*m like* music too.
　　「like＝好き」「am＝です」と捉えている可能性あり。あるいは音声指導の結果 I'm が1セットになって記憶されている可能性がある。
　　*My hobby is *play* tennis, *listen* to music.
　　動名詞，不定詞のかたちにすることが定着していない例。
　　*My friend *is enjoy* speaking.
　　be動詞と一般動詞の重複，主語と目的語の混乱。
　　（友達とおしゃべりを楽しみます）
⑤現在形・現在進行形の混乱　日英の差　「〜している」
　　*I *am playing* the tuba in the brass band too.
　　日本語の干渉「〜している」現在形と現在進行形の混乱。
　　（私もブラスバンドでチューバを吹いている）
　　*My family and many friends *living* in Kurimoto.
　　「〜いる」（住んでいる）現在形と現在進行形の混乱。「live＝住む」「living＝住んでいる」と捉えている。（私の家族と友達は栗源に住んでいる）
⑥日本語・英語「ある」表現の混乱　be動詞／There is(are)／主語＋have(has)
　　*This school *is* very nice club.

日英「ある」の使い方の混乱。「is＝ある」と捉えている。
（この学校にはとてもいい部活がある）

〈以下同じパターン〉

*Country *is beautiful sky* but city is not beautiful.
（いなかはきれいな空があるが、都会はきれいではない）

*There *isn't has* shop, but city *is* many shops.
（店がない、しかし都会にはたくさん店がある）

⑦動詞の欠落

*Please *me* back e-mail soon.
動詞の欠落。（どうぞわたしにeメールをすぐに返してください）

*How do you life?
動詞の欠落。How about? と混乱。「どう」How と What の区別。（あなたの生活はどうですか？）

*I want to more more many friends.
一般動詞の欠落。「want＝欲しい」と「want to〜＝〜したい」の混乱。

*Every one very kind.
日本語の干渉。be動詞の欠落。（みんなとても親切）「親切です」と「です」がないとbe動詞を欠落しやすい。例）「彼女はきれい」*She beautiful.

⑧主語の欠落

*I feel nice when *cry out* "Men".
日本語の干渉。主語の省略。（「面」と叫ぶと気分がいい）

*The summer climate is hot. So, when I drink cold something, *very feeling* comfortable.
主語動詞の省略。（夏の気候は暑い、だから冷たいものを飲むと、（誰が？）気分がよくなる）

*I like sweet potato because *very delicious*.

（とてもおいしいのでサツマイモが好きです）

⑨「...'s」「... of ...」「の」の混乱

*If I have a chance to visit your grandmother's house, I'll see your *car's* picture.

「の」扱い方未習熟。（私はあなたの車の写真を見るつもりです）

*Kurimoto's many kinds of vegetables are very nice.

（栗源のたくさんの種類の野菜はとてもいい）

⑩日本語の語順のまま転移

*All students are *hard practice* for the day.

日本語の語順の転移。（生徒はみな一生懸命その日のために練習をします）

*This is a *my very like* book, a the prince of tennis.

「わたしの好きな」と「好き」混乱。（これは私のとても好きな本で，「テニスの王子様」です）

*City life is people very kind.

（都会の暮らしでは人はとても親切だ）

以上，10に分類し学習者のエラーを分析し，そのつまずきを見てきました。分析する際には，指導者の類推と学習者が意図したことと一致するとは限りません。そのためにも，ライティングの際の学習者のつぶやきを逃さないためにはどうしたらよいでしょうか。学習者に直接聞く以外に，書いている際にどんなことを考え，書きたかったか，そして何が書けなかったのか，内省記述として記録させることも有効です。

ここまでは一文単位の誤りを見てきましたが，もとよりこうした文法的誤りは，いずれ学ぶだろうと考えて，放置しておけばよいということではなく，基礎を教える中学校段階であればこそ，

英語の構文の基本構造を生徒たちに体得してもらわねばなりません。そのためには普段の授業の中で、その授業のターゲット・センテンスの流暢さ（fluency）をコミュニケーション活動により磨いたのであれば、その授業の締めは、そのターゲット・センテンスをしっかり書く（accuracy）、そして可能であるならば宿題にして定着を図る、というところまでもっていきたいものです。

生徒に体得させたい英語の一般動詞を含んだ基本構文例

～は	＋	どうする	＋	～を	＋	（どこで）	＋	（いつ）
主語		動詞		目的語		（場所）		（時）

2-2　誤答分析を授業に生かす

ここでは同一テーマの下、クラス全体がライティング活動をした後で、教師が誤答分析をし、それを実際の一斉授業に生かす授業展開を示してみます。以下に示すものはその授業の流れです。

〈授業の流れ〉

> ①前時に行ったライティング資料をもとに、誤答分析をする。学習者の典型的なエラーの例を抜き出し、なぜそうなるのか考えておく。
> ②ハンドアウトに整理または黒板に記述し、クラス全体でエラーを訂正し、個々の学習者の文構造への意識を高める。
> ③前時に書いたものを自己修正する。
> ④指導者（ALTの協力）からのフィードバック。
> ⑤仕上げ。

誤答分析を授業に生かす際には,たとえば以下のように切り出してみてはいかがでしょうか。

> 〈友だちの書いたものから学ぶ〉
> 　ここではみなさんがトピック１で書いたものから間違えやすい文構造について学びます。
> 　「間違い」を自分自身の学習の成長段階を知るための材料と考えてみませんか？間違いは使ってみなければ出てきません。ですから間違うのが恥ずかしいと消極的に考えるより,学んだことを生かして積極的に使って,間違いが出れば,その時が今の自分から先に伸びるチャンスだと,とらえてみましょう。なお,使用している間違いのサンプルはみなさんが書いたものを,そのまま使わず,一部訂正を加えています。

　このようにして誤答分析を生かして,学習者同士でエラーを考えさせ,修正をしていきます。この一部についてはすでに4章「休日の過ごし方,あなたはどちら？」で触れたとおりです。ライティングの授業では,文法面についてこまかく扱うと学習者の書きたいという意欲がそがれるので,敬遠されがちです。しかしながら,生徒が書きたいとする意図にそった英語を表現しようとなると,どうしても文法について触れざるを得ません。個々に応じて指導者がこまかく添削していくとなると,どうしても時間的制約がつきまといます。ですから,ここで紹介したように,指導者はいったん学習者が書いたものに目を通し,典型的なものを取り上げ,クラス全体でエラーを共有する場を設けます。そうすることで,学習者に自分自身でエラーをチェックする目を持たせることにつながり,学習者が自己修正する場を設定することが可能になります。

3 学習者のつまずき 文章レベル（マクロレベル）

　現在，紙ベースの辞書から電子辞書，ネット上の辞書，ウェッブサイトまで，幅広い情報網を利用して，日本語を英語に訳すことができます。自分が表現したい表現を一文レベルでどんどん訳していくことは可能に見えますが，それを並べただけでは，書き手のメッセージが読み手に届かないことに気づきます。それは文章構成が書く際のコミュニケーションでは大変重要になるからです。日本人同士では「たぶん，こう表現したいんだろう」と思うことでも，英語を介して世界のさまざまな人に理解してもらおうと思うと，効果的な文章構成が必要になることを学習者に伝えたいところです。2章で紹介しましたように**日本語と英語の文章構成法は異なります**。ですからその違いをしっかりと学ばないと十分に理解してもらえません。相手の顔が見える会話と違って自分の考えを文章として表現しようと思うと，自然と文体も会話体とは変わってくるのも当然です。そこで，ここでは，文章レベルの誤答分析を考えていきたいと思います。

3-1 文章レベルの誤答分析

　実際に学習者が書いた文章を見ながら文章構成を考えていきます。
【中1レベル】
〈トピック〉

> 　歌手，スポーツ，食べ物など，あなたの好きなものを1つ選び，そのことについて英文で3文以上書いてください。ただし，最初の文はI like に続けて書き始めましょう。

〈サンプル1〉

> I like table tennis. I play table tennis. I can play table tennis.

テニスのことについて述べていますが話の展開がありません。

〈サンプル2〉

> I like baseball. I play basketball on Sunday. I like basketball but I don't like baseball.

考えが途中で変更されています。

〈サンプル3〉

> I like table tennis. I can speak Japanese. I love natto and sushi. I like friend.

　好きなことを羅列しただけで，文章としてのまとまりが全くありません。

　このように中1レベルでは，3つの文をつながりのあるものにするためにも，日頃から1文レベルではなく，文章レベルで指導していかなければ，書くことはできません。モデルとなる英文のインプットが必要となります。

【中2〜中3レベル】
トピック

> 「休日の過ごし方について。外出派か，家にいる派か」

〈サンプル4（文法レベルのエラーもそのままにしてあります)〉

> I like going outside better. It's because I like sports. It is good for health and fun to do sports. And it is one of the best way to refresh. And going shopping is very nice. We can relax to go shopping. And if we go outside, we will can meet interesting things. <u>So I like staying home is good, too.</u> But going outside is better than it.

　サンプル4の例で，書き手は休日は外出するほうが好きと言いながら，後半部分（2重下線部分）で，家にいる方も好きであると，これまでの展開と一貫性を欠いています。このパターンはよく見られるもので，書き手の頭に浮かんだ考えをそのまま書き進めている結果と考えられます。日本語の起承転結に慣れてしまっている私たちにとって，違和感を感じないこの流れも，日本語を母語にしない人が読むとなると，理解に混乱を生じさせます。**一文レベルだけのライティングでは問題にされないことも，文章の流れを考えていくとなると，まさに思考力が要求されます。**

〈サンプル5（文法レベルのエラーもそのままにしてあります)〉

> I like staying home better, because, I can sleep until noon. If I go outside, I have to get up early. When I came home, I am tired. If I stay home, I can watch TV, read books and so on. There are no good place to go outside near my house. I don't go outside these days so I wanted to go shopping.

　サンプル5の学習者は，この文章を書いた後に以下のように内省記述を書いています。

　「家に居れば好きなことを好きなときにできる。たまには外出

するのもいいと思う」。

　トピックの内容により，書き手はどちらかに判断を決めて書き出さず，気の向くままに書き連ねることになります。そのため，この文章には結論がなくなり，読み手はどこで文章が終わるのかわからなくなります。

〈サンプル6（文法レベルのエラーもそのままにしてあります）〉

> 　I like to stay at home on holidays, because it has two reasons for that. First it can sleep for a long time, it can play tv games, and read a lot of comics. Second, it is take it easily life, because it is my house. <u>however it isn't good for health to stay at so I always go for a walk.</u> Therefore, I like to stay at home on holidays.

　サンプル6は文章構成上，つなぎことばも使い，論理的に見えます。休日は家にいることを好む理由として2点をあげ，First, Second を伴って理由が説明されています。さらに結論部分として Therefore を利用して締めくくっています。しかしながら，理由の2番目で，主張を説明する理由としては必要のない部分（2重下線部分）が入ってしまい，Therefore という結論につながりません。

〈トピック〉

> 　Which season do you like the best?

〈サンプル7〉

> 　I like winter the best because we can ski in winter. We can

> not ski without snowing. So ski is sport which can play only winter. It is very fun for me. I began to ski eight years ago. I always ski in Nagano every year. So I am glad when it is snowing in Nagano.

　スキーができることを理由に冬が好きなことを述べていますが，途中からスキーに話題が行ってしまい，結論に至っていません。

〈サンプル8〉

> I like summer the best. There are three reasons. First, we can go swimming. I like swimming in the sea, but I visited the pool this summer. I was sad. Second, we can see the fireworks in the sky. They make me excited. I saw them with my friend this summer. Last, summer vacation is longer than winter vacation. I usually spended playing tennis, watching TV, eating something, sleeping and..... Oh!!!! I have to study, because I am third student. So I studied every day.

　文章構成を意識して「つなぎことば」が使われていますが，理由1で不必要な部分が入ったり，3つめの理由では，書き手のつぶやきになってしまい，結論が導かれていません。

　以上中学2年生から中学3年生までが書いたサンプルを5点見てきました。文章構成を学び，つなぎことばも利用していますが，首尾一貫性が保たれていないものばかりでした。**学習者にとって大変危険な点は，つなぎことばを利用しただけで，論理的に見えてしまい，実は思考を働かせていないということに気づいていないことです。文章レベルの誤答分析を指導者が行うことの意義がここにあります。**

3-2 文章レベルの誤答分析を生かすために

　文章レベルのライティングを学習者に指導する際には，これまでの8つのサンプルの例をみるように，文と文の結束性，内容の一貫性が大変重要な指導事項となることがおわかりと思います。パラグラフを書かせて陥ってしまうことは，つなぎことばを使わせて満足してしまい，表面的な構成の指導で終わってしまうことです。ペアで読み合ったり，クラス全体で見合ったり，また教師からのフィードバックを通して文と文のつながりを意識させる工夫が必要になってきます。

　最後に指導の流れを以下のようにまとめます。

〈指導の流れ〉

> 1．サンプル提示
>   　典型的なサンプルを提示することで，どこで一貫性が崩れているか，文と文のつながりがいいか考えさせる。
> 2．練習
>   　モデルの文章をバラバラにしたものを，グループで並べ替え，文章構成を意識させる。（不必要な文があれば抜き出す）
> 3．再構成
>   　一度自分が書いたものを再度文章構成レベルで見直す。

6 これからのライティング指導に向けて

1 必要になってくる「考える力」

　現行指導要領（1998年告示）の元になっている「新しい学力観」にも謳ってあるとおり，これからの時代を生きていくためには既存の考え方や暗記による知識に頼るだけではなく，これまで経験してこなかった新たな局面に立っても，自分の頭で考えていくことができるような態度や思考力が必要になってくることでしょう。

　図6‐1はベネッセコーポレーションが2004年に実施したアンケートの結果ですが，ここで如実に現れているのは，今の中学生は「暗記」をすることはできるけれど，「問題の別解を考え」たり，「論理的にものを考えること」が苦手であるということです。

　更には，2008年3月に発表された新学習指導要領によれば，これからの社会を生きていくためには，「基礎的・基本的知識・技能の習得の上に，それらを活用して課題を見出し，解決するための思考力，判断力，表現力が必要になってくる」とし，新しい知の創造，すなわち「思考し表現する力の育成」を各教科を通じて行うことが必要になってくると掲げています。このことは2007年の学校教育法の一部改正にも盛り込まれています（注1）。これは，OECDの学力調査PISAで測定されるkey competency（主要能力）である「単なる知識・技能だけではなく，技能や態度を

| □苦手(とても苦手+やや苦手) | ■得意(とても得意+やや得意) |

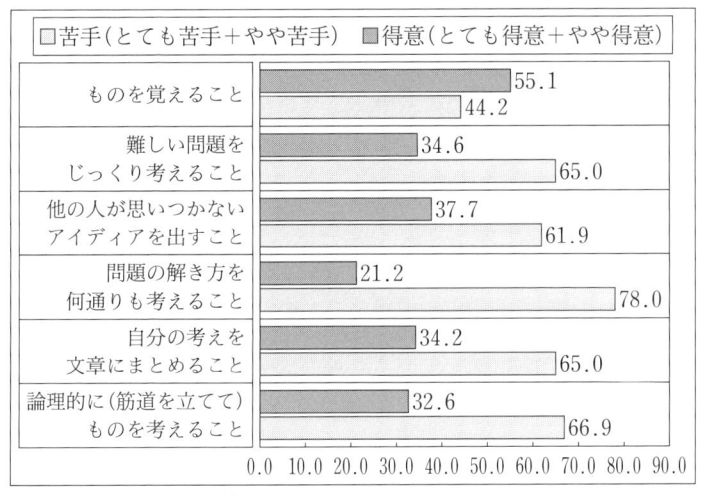

項目	苦手	得意
ものを覚えること	55.1	44.2
難しい問題をじっくり考えること	34.6	65.0
他の人が思いつかないアイディアを出すこと	37.7	61.9
問題の解き方を何通りも考えること	21.2	78.0
自分の考えを文章にまとめること	34.2	65.0
論理的に(筋道を立てて)ものを考えること	32.6	66.9

図6-1 アンケート結果(Benesse教育研究開発センターによる「第1回子供生活実態基本調査」(調査概要 調査対象:小学校4年生〜高校2年生14,841名。大都市(東京都内),中都市,郡部の3地域区分を設定して抽出。調査時期:2004年11月〜12月 調査方法:学校通しの自記式質問紙調査))

含むさまざまな心理的・社会的リソースを活用して,特定の文脈の中で複雑な課題に対応することができる力」と重なるところがあります。

このように,今の教育界にあっては,「思考力・表現力の育成」が俄に話題になっています。「考える力」は,いうまでもなく,各教科でそれぞれ育成していくものであると思われます。本書では第1章において,「論理的思考力・表現力」は英文ライティングを通じて(こそ)学べるということを表明しています。本章においては,この考えをさらに進め,英文ライティングで培った論理的思考力や表現力はマルチコンピテンス(multicompetence, Cook, 2001)として学習者の能力となり,それが必要に応じて国語科や他教科へも転移が可能であるということを示したいと思います。

2 思考力の分類とライティングの指導

「思考力」と一口に言ってもそこには様々な認知の形があります。この点を明らかにするために Bloom (1956) の分類を借りることにします。この分類法は生み出されてからかなり時間がたってはいますが、様々な分野で現在までも引き継がれているものです。

Bloom は認知力を以下の7つに分類しています。

---
1. 記憶 (Memory), 2. 変換 (Translation), 3. 解釈 (Interpretation), 4. 応用 (Application), 5. 分析 (Analysis), 6. 統合 (Synthesis), 7. 評価 (Evaluation)

この分類を英語ライティングの指導に当てはめ、プロセス・ライティングの手法に照らして必要な項目を加えてみると、次のように10種類のライティングに関わる認知力を表わすことができるかもしれません。

1. Memorize(記憶する) ：語彙、イディオム、文型、文法規則などをおぼえる。

2. Understand(理解する) ：モデル文など、インプットとなるべきものを理解する。

3. Invent(発想する) ：テーマに沿って自分の考えを産み出す。

4. Translate(変換する) ：自分の考え（アイディア）を文字化する。

5. Interpret(解釈する) ：graphic organizer, chart, idea map などで自分の考えを整理する。

6. Plan(計画する) ：書く目的を考えて、自分のライティングの目標を設定する (goal-setting)。アウトラインを書く。

7. Apply(応用する) ：自分のアイディアに適合する語彙、文

型，論理関係等を選択する。

8. Analyze(分析する)：「全体 vs. 部分」「比較・対照」「原因・結果」「分類（上位概念・下位概念）」などの論理関係をとらえる。こうした関係性を把握したあと，自分の書く目的にあったパラグラフのタイプを選択する。

9. Synthesize(統合する)：この力は，これまでの知識をばらして，目的に沿って新たなものを再構築するもので，かなりの思考力を要するところとされているものです。したがって，「advanced thinker と basic thinker の分岐点」(Sebranek et al., 1999) とされたり，「高度な，より想像力に富んだ応用学力が必要になる」(Waters, 2006) というように言われています。この段階の知力とは広くは，ライティングのプロセスに当てはめれば，実際に「書く」段階の作業に必要な認知力でしょう。英文を書くには，英文を英文たらしめている cohesion（結束性）と coherence（論理的一貫性）に配慮して，文章にまとめることが求められます。また，ライティングのジャンルを考えると，この力を最も要するタスクは「サマリー・ライティング」ということもできます。

10. Evaluation(評価する)：ここはライティング指導で言えば，フィードバックに当たります。self-feedback や peer feed-back などの活動を通じ，クリティカル（critical）に自分の書いたものを見直したり，仲間が書いたものを評価します。

(たまたま便宜上，切りの良い10という数字を使いましたが，認知力がこの10に限られるわけではありません)。

このように，ライティングに関わるプロセス全体を眺めてみると，様々なタイプの認知力が必要とされていることがわかります。そして，図6-2に示すようにこれらのライティングの認知力を生かすには，学びの場が不可欠であり，そこでは教師の支援のもと，

互いに学び合う学習形態が必要なことは言うまでもありません。

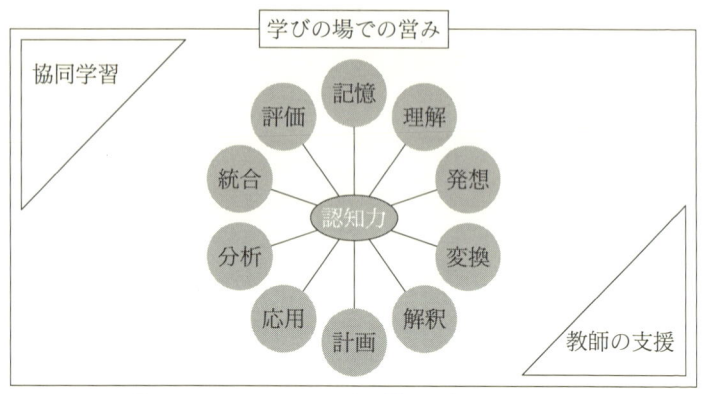

図6-2 ライティングに関わる様々な認知力

3 「Simple language=simple thinking」にあらず

　このように「英語のパラグラフ・ライティング指導を通して論理的思考力を養おう」という話をすると，「英語力がさほどない中学生や高校生にパラグラフ・ライティングをさせるのは無理ではないか」，というご意見をよく耳にします。しかし，simple languageしかまだ使えない学習者であっても，その力をライティングに向かわせるとき，その思考は決してシンプルなものではあってはならないはずです。

　つまり，simple languageだからといって，simple thinkingであってはならないし，complex thinkingに必ずしもcomplex languageが必要とはいえないでしょう。

　少し長いですが，以下のWaters (2006) を引用させていただきます。

　It can be argued that learners with low levels of language

have a particular need for activities which are not only linguistically manageable but also cognitively challenging. This is because such learners may feel reduced to a state of psychological infancy by the way their limited language knowledge constrains their means of self-expression. It is thus perhaps especially important for learners of this kind to be given opportunities to use their normal cognitive abilities as much as possible in the course of their language learning experiences, in order to foster a healthier, more 'adult' psychological frame of mind. (p.326)

(言語力のレベルの低い学習者にはことに、言語面で取り組むことが可能という配慮だけからではなく、認知的にチャレンジングな活動こそ取り組ませる必要がある。それは、そうした学習者は、限られた言語知識しかないため自己表現の方法が限られてしまい、一種の言語的「幼児」の状態に貶められていると感じがちであるからである。それゆえ、こうした学習者たちが、より健全でより「大人」の考え方を育成できるよう、学習者がもっている普通の認知力を言語学習の過程で極力発揮できるような機会が与えられることがとりわけ重要である。)

　上記に示したように、プロセス・ライティングの手法に基づいたパラグラフ・ライティングに関わる認知力というのは、かなりの多様性が想定されます。下の表1をご覧ください。これは従来からライティング授業で行われてきた和文英訳とパラグラフ・ライティングを先ほどの10の認知力において比較したものです。

	パラグラフ・ライティング	和文英訳
1．記憶（暗記）	○	○
2．理解	○	△
3．発想	○	×

4．変換	○	○
5．解釈	○	○
6．計画	○	×
7．応用	○	○
8．分析	○	×
9．統合	○	△
10．評価	○	×

このように，和文英訳と比べるとパラグラフ・ライティングがいかに幅広い認知力を要しているかがわかります。つまり，産出される英文が一文一文をとると simple language で構成してあろうとも，産出の過程においては，母語で行なわれるものも含め複雑な認知力が動員されているということです。そのことは，4章でのさまざまなパラグラフの展開法における手順を踏んだ指導過程を通じて，よくご理解いただけたかと思います。

4 マルチコンピテンス

Cook（2001）は第二言語習得において，multicompetence という考えを提出しています。つまり，母語，学習者の中間言語，そして目標言語としての第二言語という三者をばらばらにとらえる考え方でなく，図6-3のように，学習者の母語とL2獲得に向かっている中間言語を合わせて一つの能力と考えるものです。学習者の頭の中にはこの2つが共存していると考えられます。これは Cummins（1980）の「二言語併用説」とも通じています。つまり，bilingual education というのは，「母語に加え，第二言語も使えるようにする教育」ということだけでなく，「第二言語のみならず母語も伸ばす教育」と考えることができるというわけです。

```
 ┌──────┐   ┌──────────┐   ┌────────┐
 │ 母語 │◄─►│ 中間言語 │◄─►│ 第二言語 │
 └──────┘   └──────────┘   └────────┘
```
multicompetence
図6-3　マルチコンピテンス

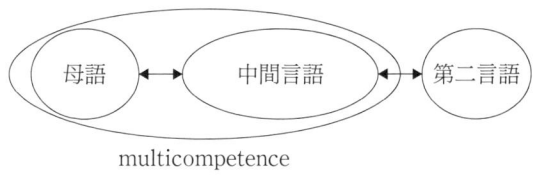

　つまり，第二言語で学んだことも母語へ転移し，母語が更に豊かになるという考え方です。

　筆者のライティングの授業を受講し，英文を特徴付けている「結束性」，「論理的一貫性」というものに接した学生たちは，学年末になると，英語の文章の持つ明晰性に気づき，そのうち，「英語のエッセイの書き方を学んだお陰で他教科に提出する日本語のレポートも論理的に書けるようになりました」というようなコメントをしてきます。これこそがマルチコンピテンスの証左といえるでしょう。英文を書くことで培った論理的思考力，文章力が日本語でのレポート執筆にも**転移**したということなのです。

　さて，この「転移」は大学生のみならず中学生でも可能でしょうか？筆者らは国立大学附属中学校の選択科目において，「マルチコンピテンス涵養のための英語ライティング」という研究題目で中学3年生の選択の授業を使い，一学期間論理性を意識した英文ライティングを教えて，その力が果たして日本語にも転移するかを実験しました。授業終了後，日本語で作文をしてもらい，その際の「振り返り」を調査しました。結果は以下のようなものでした（$N=29$）（注2）。

4-1 日本語の作文後の振り返り

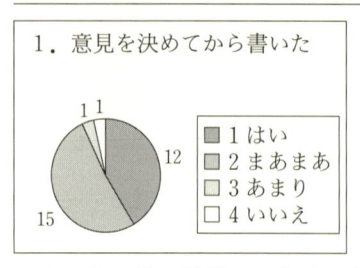

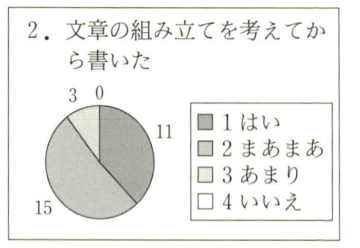

1．意見を決めてから書いた
- 1 はい：15
- 2 まあまあ：12
- 3 あまり：1
- 4 いいえ：1

2．文章の組み立てを考えてから書いた
- 1 はい：15
- 2 まあまあ：11
- 3 あまり：3
- 4 いいえ：0

書き出す前の段階で，自分の考えをまとめている生徒が大多数を占めていることがわかります。

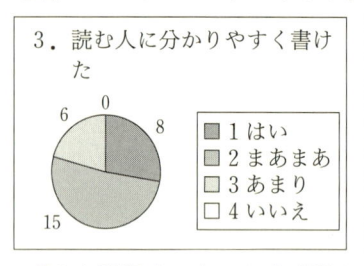

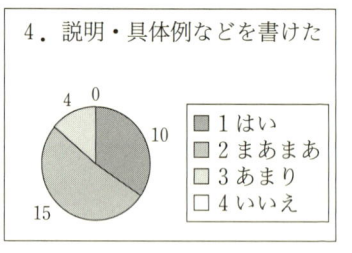

3．読む人に分かりやすく書けた
- 1 はい：15
- 2 まあまあ：8
- 3 あまり：0
- 4 いいえ：6

4．説明・具体例などを書けた
- 1 はい：15
- 2 まあまあ：10
- 3 あまり：0
- 4 いいえ：4

「人を説得する」ことを意識し，分かりやすく納得しやすいような工夫をほとんどの生徒がしていることがわかります。

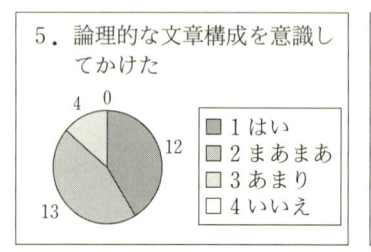

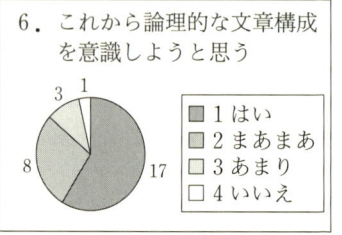

5．論理的な文章構成を意識してかけた
- 1 はい：13
- 2 まあまあ：12
- 3 あまり：0
- 4 いいえ：4

6．これから論理的な文章構成を意識しようと思う
- 1 はい：17
- 2 まあまあ：8
- 3 あまり：1
- 4 いいえ：3

授業では，英語のパラグラフ・ライティングに基づく論理的な文章構成でしたが，日本語の作文においてもそれを利用しようとする意識が読みとれます（注3）。授業をしているときには，英文を使用して指導し，その内容は日本語でも利用可能だというこ

とはあえて明示しませんでした。しかしながら，この結果から，生徒は日本語の作文においても，英語で指導した論理的な文章の書き方のストラテジーを転移しようとしていることが見て取れます。

4-2　一学期間の授業に関するアンケート

一学期間の授業後の感想を自由記述の形で書いてもらいました。その結果，次のような意見が出されました。

> - この授業を通して、英語の能力が向上したのは勿論のこと、文章構成の作り方など、これからもたくさん書く機会のある文章に対しての知識を学べたので良かったです。
> - この講座を希望して、文章の構成のしかたを学んでから、文章を書くことが楽しくなった。
> - 最初よりも今の方が、文章の構成のしかたや伝え方の能力がアップしたと感じることができた。
> - この授業を受けてから、より早く論理モードに自分を切り替えることができるようになったと思う。
> - 高校生になっても役に立つことばかりだったから、高校生になっても使っていきたいと思います。
> - 今まで自分の主張を文章で表わすときはどのような文章を書けばよいのかわからなかったけれど、この授業を通して文章を構成して論理的に書けるようになりました。論理的に物事を考えるのはともてたいせつだと思うのでこれからもできるだけ論理的に考えたいと思います。

これらの記述からわかることは，授業では英語 writing という側面が強かったのですが，生徒はそこで習った知識を英語のみな

らず一般的なものとして吸収しているということです。また，論理的な思考力を養う授業ということで難度が高いと思われましたが，難しいと書いた生徒は29人中4人に留まりました。このような実践は国立大付属中ではない一般の中学校においても実践可能な内容であり，また試す価値のあるものかと思われます。

5 目指すべきライティング力とは

　2012年実施の新学習指導要領の中学校外国語では，これまでの「聞く・話す」を重視していた教育方向から，4技能を統合して行う学習活動の充実を目標とした方向への転換が表明されています。各技能で追加される内容は以下のとおりになっています。

【聞く】まとまりのある英語を聞き，概要や要点を適切に聞き取る。

【話す】与えられたテーマについて，簡単なスピーチをする。

【読む】話の内容や書き手の意見などに対して感想を述べたり，賛否やその理由を示したりなどすることができるよう，書かれた内容や考え方をとらえる。

【書く】語と語のつながりなどに注意して正しく文を書く。自分の考えや気持ちなどが読み手に正しく伝わるように，文と文のつながりなどに注意して文章を書く。

　これらの力を養成するには，本書で述べている「パラグラフ・ライティング力」が大いに役に立つということを4技能別に見てみましょう。

　まず「聞くこと」で求められている「概要」や「要点」を聞き取るには，パラグラフ・ライティングで培った「類種概念」や「一般」と「具象」を分けることができる力が役に立つでしょう。

聞いた話の中で，総括されている概念を見つけ出し，それとその具体例とを区別して聞き取ることで，情報が整理され，それがよりよい理解へと繋がります。

「話すこと」については，テーマを決めて話すということは，ただ漫然と会話をしていくということではなく，あるテーマに沿って話を展開していくということですから，頭の中，あるいは下書きとしてテーマに沿った自分の考えをパラグラフ・ライティングし，それを覚えてスピーチの形にすると，この目標は達せられるでしょう。

「読むこと」においては，パラグラフ・ライティングを通じて，パラグラフの構成がスキーマとしてわかっているので，どこに重要なキー・センテンス（topic sentence）があるか，そして，それがどのように展開されているかも予測しながら読み進めていくことができます。したがって正確な理解に繋がることでしょう。しかも，パラグラフ・ライティングでは自分の意見を持ち，それを相手に説得力を持って述べることが求められており，その練習をつむことにより，「賛否やその理由を示したりなどすることができるよう，書かれた内容や考え方をとらえる」というような目標を達成することが可能になるでしょう。

「書くこと」における「つながりを意識して書くこと」及び，「自分の考えや気持ちなどが読み手に正しく伝わるよう書くこと」はパラグラフ・ライティングの必須項目です。

このように，パラグラフ・ライティングはこれからの英語教育で求められているものを**包括した力の涵養**に繋がるといえましょう。とはいっても，図6-4に示すように，パラグラフ・ライティングはピラミッドの頂上部分であり，その実りに到達するためには，土台となる「思考力」や英語学習への「関心・意欲」も必須です。その上に，英語学習の大部分を占める「文法力」や

「語彙力」があることが前提です。そうした積み上げがあってこそのパラグラフ・ライティング活動と言えます。これからの日本人中高生に必要な**「思考し表現する力の育成」**を是非ともパラグラフ・ライティング活動を通して実現していただきたいと思いますし，本書がその実現に向けての一助になればと願ってやみません。

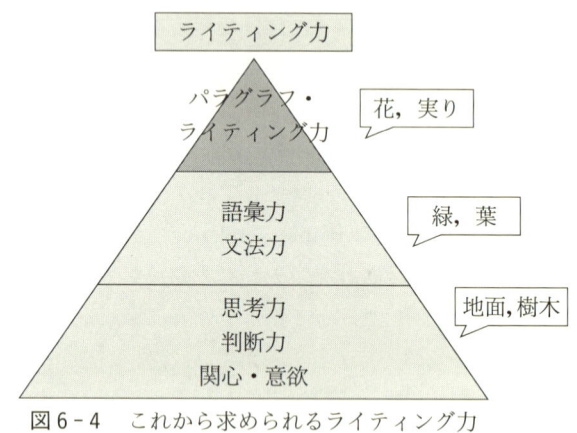

```
           ライティング力
              ▲
          パラグラフ・      花，実り
          ライティング力
          語彙力            緑，葉
          文法力
          思考力            地面,樹木
          判断力
          関心・意欲
```

図6-4　これから求められるライティング力

注1：「…基礎的な知識及び技能を習得させるとともに，これらを活用して課題を解決するために必要な，思考力，判断力，表現力その他の能力をはぐくみ，主体的に学習に取り組む態度を養うことに，特に意を用いなければならない」(学校教育法第30条第2項)

注2：この研究は平成19-20年度文部科学省科学研究費補助金萌芽研究の助成を受けて行われたものです。(課題番号：19652053)

注3：日本語の作文おけるすべてのジャンルにおいてそのように言えるということではなく，今回試行したような「自分の意見を書く」というようなタイプの文章の場合，そのように観察できたということです。この作文の課題は「時間とお金とどちらが重要だと考えますか？　あなたの考えを書いてください」でした。

〈資料〉入試対策

1 高校入試編

1-1 全国入試問題におけるライティング問題の状況

　これまでの章で，段階を追ったパラグラフの指導について具体的にトピックを取り上げて見てきました。この章では中学校の出口にあたる部分を見ていきます。中学現場で指導してきたことが高校で活かせるよう私たちは，その橋渡しを考えなければなりません。この本もそのコンセプトを踏まえて中学・高校編と連携して指導できるよう編集してあります。そこで，ここでは，高校への橋渡しの部分として高校入試問題を扱っていきます。私たちは受験のためだけに授業を行っているわけではありません。しかしながら，生徒たちが進む高校の入口に向け，どこまで力をつけさせていくか考えることは重要です。高校入試問題は日頃の授業改善の材料の1つとして多くのものを与えてくれます。

　それでは高校入試でのライティングの扱いはどの程度のものでしょう

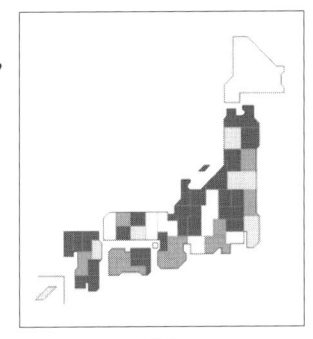

図1

か。2007年度ELEC同友会研究大会におけるライティング部会の口頭発表資料によると，ほぼ全国的に何らかの形でライティング問題が扱われており，2005年から2007年の3年間で条件，自由英作文を出題している都道府県は図1のとおりです。色をもっとも濃く示したものが3年間連続，次に濃いものが2年間，一番うすいものが1年のみの出題を表しています。では具体的に他のライティングの形式に比べると，図2が示すように，条件作文の出題が他の形式に比べて非常に高いことがわかります。次いで頻度が高い形式は英問英答です。条件・自由作文に絞ってその指定語数を見ると，表1が示すように条件作文では10語未満が多く，次いで20語から30語となっています。自由英作文になると語数が20語から30語，また30語以上とその語数も増えていきます。

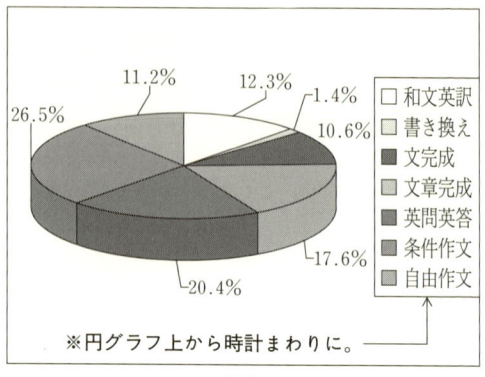

※円グラフ上から時計まわりに。

図2

表1

	条件英作文	自由英作文
10語未満	40.2%	18.2%
10～20語	12.0%	20.5%
20～30語	28.3%	27.3%
30語以上	15.2%	27.3%
指定なし	4.3%	6.8%
合計	100%	100%

このように，高校入試問題のライティング問題が多様化しており，そのうち条件作文が出題される割合が高いことが，これまでの資料でおわかりいただけたと思います。授業の中で段階を追って，指導をしていかなけれ

ば，急に入試問題で書けるわけはありません。そこで，具体的に入試問題を取り上げながら，その傾向と対策を考えていきたいと思います。

1-2 公立高校入試問題例（07年）とその対策

ライティングに関する問題を6種類に分類して紹介します。
① コミュニケーションを重視した問題例

実際に英語を使用する場面でどのようなライティングの活動があるのでしょうか，ここで示す2つの例は，書くことがコミュニケーションであることを教えてくれる良い例と言えます。福島県の問題は電子メールのやりとりという場面設定で出題されています。

> 次は，カナダに住む友だちのエレン（Ellen）から送られてきた電子メールの最後の部分です。あなたなら，エレンへどのような返事を書きますか。___A___ には4語以上 ___B___ には5語以上の英語で書きなさい。【福島県】

●エレンからの電子メール

This year, I'm going to study Japanese to visit you in Japan.
What are you going to do this year?
I hope to hear from you soon.
Ellen

●エレンへの電子メール

Hi, Ellen.
Wishing you all the best in 2007.

> Thank you for your e-mail.
> I'm sending this to answer your question.
> I'm going to ＿＿A＿＿ because ＿＿B＿＿.

〈求められているポイント〉

- 電子メールを読み適切な答えを導き出すこと。
- be going to の未来表現を理解し運用できること。
- 自分の考えに対して because を伴って説明できること。

〈対策〉

- 普段からインタビュー活動や口頭練習を通して自分の考えを説明する活動が必要。
- 相手の意見に対して，Why とたずねる投げかけを教師や友人が繰り返し行っていく訓練が必要。

〈解答例〉

例1) A　(I'm going to) buy a new computer
　　　B　(because) my computer is very slow.

例2) A　(I'm going to) read a lot of books
　　　B　(because) I want to be a great writer some day.

　山形県の問題は，場面設定を大変工夫したもので，ライティング活動をいかにコミュニカティブなものにしていくとよいのかアイディアを与えてくれる例と言えます。

> あなたのクラスでは，英語の壁新聞をつくるために，あなたの学校を訪れることになっているアメリカ人のスミス先生（Mr.Smith）に英語でインタビューを行うことになり，あなた

を含むクラスの数名が，インタビューの担当者に選ばれました。
　インタビューでは，下に示したような「インタビューカード」を使うことになり，質問などを，事前にこのカードに記入することになりました。次のA～Dからテーマを一つ選び，□のところにあてはまる英文を書きなさい。ただし，選んだテーマに関する自分自身のことと，相手にたずねたい質問を含めて，3文以上の英文を書くこと。
　なお，選んだテーマの記号を解答欄に記入すること。【山形県】

> A．学校生活について
> B．外国語の学習について
> C．山形県（Yamagata-ken）について
> D．好きな動物について

インタビュー・カード

Welcome to our school, Mr. Smith. My name is ○○○.
Nice to meet you.

（あなたの質問など）

　　　　　　　　　　　　　　　　　　　　Thank you very much.

〈求められているポイント〉

- 与えられたトピックについて自分の考えを端的に述べること。
- 相手にYes／No疑問文だけでなく，Wh疑問詞を使って質問できること。
- 自分の意見と相手への質問をつながりのある流れで書くことができること。

〈対策〉

- 授業のウォームアップの中で，Q&A をペアで繰り返し行うこと。
- カードにさまざまなトピックを書いておき，クイズ形式で順番に自分の意見を1文で言う練習を行う。
- 年に何度か同様の活動を実際に行ったり，スピーキングテストで ALT と同様の形式で行う。

〈解答例〉
Aを選択した場合：

There are a lot of events in my school. For example, we have a sports festival in September and a chorus contest in October. Do you have any school events in your country?

Bを選択した場合：

I like studying English, but it's difficult for me to speak English. I'd like to talk with English speakers some day. Do you have any good ideas for learning English?

Cを選択した場合：

We have many places to visit in Yamagata. You can enjoy fresh cherries and the Hanagasa Dance Festival in summer. Do you like skiing? In winter, you can enjoy skiing at Zao.

Dを選択した場合：

I have a dog called Pochi. I like playing with him. He always makes me happy. Do you have any pets?

② スピーキングの代替と考えられる問題例

ここで取り上げる2つの例は共に，筆記試験でスピーキング力を見る問題と考えられます。二人の会話を読んで，解答者がその

登場人物の一人になって答える問題です。大分県は3コママンガになっていますが，千葉県と形式は同じといえます。

あなたは，ホームステイ先で友だちになったポール（Paul）と，スーザン（Susan）のことについて話しています。対話の流れに合うように（　）の中にあなた自身の考えを英語で書きなさい。ただし，文の数は2文以上とし，全体の語の数は20語程度（.,?!などの符号は語数に含まない。）とすること。また，場所の名前や人名などの固有名詞は，ローマ字で書いてもよい。【千葉県】

Paul: Susan will be 15 years old soon. Did you know that?
You : No, I didn't. When is her birthday?
Paul: Next Sunday. Let's do something for her. Do you have any good ideas?
You: Well, how about this? (　　　　　　　　　　)
Paul: That sounds good. She will be happy about that.

次の連続する1，2，3の絵を見て，□で言っていると考えられることを5語以上の英語1文で書きなさい。なお，対話は①②③④⑤の順に行われています。【大分県】

〈イラスト1：マイクの誕生パーティーに汗をかきながらプレゼントを持ってきたボブ〉
①　Hi, Mike. I'm sorry I'm late.
②　OK, Bob. Thank you for coming to my birthday party.
〈イラスト2：マイクに勧められて水をもらうボブ〉
③　[　　　　　　　　　　].
④　Thank you. Water, please.
〈イラスト3：一気に水を飲み干すボブ〉
⑤　Oh!

〈求められているポイント〉

- 会話を読んで意味をつかむことができること。
- 自分の考えを2文以上で言うことができること。(千葉県)
- 場面に沿って適した表現を見つけ出すことができること(大分県)

〈対策〉

- ALTやJTE, ペア活動を通して英語で会話をすることになれておくこと。
- 自分の考えをつなぎことばなどを利用してつながりのある2文で表現できるよう訓練すること。

〈解答例　千葉県〉

Why don't we have a birthday party for her? I'm good at making cake. Let's buy some food and drinks.

〈解答例　大分県〉

例1　Do you need something to drink?

例2　Would you like something cold to drink?

③　言語材料を制約した問題例

以下の北海道の問題はかなり表現が限定されています。言語材料を見極めて解答する必要があります。

次の絵は、日本の展示会場で、壁に飾られているうちわ (*uchiwa*) について、健二とクリスティが英語で会話をしている場面のものです。あなたが健二になったつもりで吹き出しの枠に、うちわの使い方を知っているかということをたずねる英文を書きなさい。【北海道】

〈クリスティのイラスト〉
Look! It's very beautiful!
〈健二のイラスト〉
It's an *uchiwa*. We use it when it is hot.
※クリスティと健二のイラストの間にうちわのイラスト。

〈求められているポイント〉

・既習の文法事項を用いて表現できること。

〈対策〉

・普段の授業から場面設定を考え，どのような状況でその言語材料は使われるか慣れておくこと。
・基本文の導入の際は，単文ではなく会話やつながりのある２，３文の文章で導入しておくこと。

〈解答例　北海道〉

　Do you know how to use it?

④　和文英訳を意識した問題例

　香織さんは，英語の授業で，町内の清掃活動に参加したことについて簡単に発表しようとしている。次の［メモ］は，香織さんが発表するために書いたものである。あなたが香織さんなら，次の［メモ］のうち，どの内容を発表しますか。発表する文章を，〈条件〉に従って英語で書きなさい。【徳島県】

○　先週の日曜日
○　約２時間
○　公園の清掃
○　通りの花の水やり

> ○ 公園がきれいになってうれしかった
> ○ また活動に参加したい

〈条件〉
① [メモ] に書かれた6つのうちの3つを選び，書くこと。ただし，文の数や語の数はいくつでもよい。
② 次の文を書き出しとすること。
　I'm going to talk about the cleaning activity in my town.
③ 数は，数字で書いてもよい。

〈求められているポイント〉

> ・短時間でのプレゼンテーション能力
> ・豊富な語彙力
> ・文章を組み立てていく力

〈対策〉

> ・普段からトピックを与えて1分間スピーチなどのプレゼンテーションに慣れておくこと。
> ・学校行事の後を利用して場面設定を行ってALTやクラスにプレゼンテーションをする機会を年に何度かあらかじめ用意しておく。
> ・ビンゴや単語テストなどを利用して語彙力を伸ばしておく。

例1) (I'm going to talk about the cleaning activity in my town.) I joined it last Sunday. I watered flowers in the street. I'd like to join it again..

例2) (I'm going to talk about the cleaning activity in my town.) I cleaned the park last Sunday. When I saw the beautiful, clean park, I was happy.

⑤ 統計資料を用いた問題例

　新潟県の問題は統計資料が用意されており，解答者にはかなり負担の大きい問題と思われます。しかしながらこの統計はあくまでも参考程度と書かれているため，あまり資料にとらわれてしまうと何も書けずに時間になってしまうおそれがあります。

> 　あなたの英語の授業で，Computers in Our Life というテーマの発表をすることになりました。
> 　あなたが発表する内容を，4行以内の英文で書きなさい。なお，必要があれば右の資料を参考にしてもかまいません。【新潟県】
>
> 中学生のパソコンの使用目的（複数回答）
>
> | | Boys | Girls |
> | --- | --- | --- |
> | To play games | 65.0% | 56.9% |
> | To use the Internet | 65.0% | 55.9% |
> | To exchange e-mails | 17.4% | 30.6% |
> | To write a report or a letter | 20.5% | 23.9% |
> | Others | 9.0% | 10.9% |

〈求められているポイント〉

> ・自分の考えを4行以内で表現できること。そのために自分の主張とその理由など文章構成を意識した書き方ができること。
> ・統計などの資料を読み取る力があること。
> ・必要に応じて，統計を引用する際の表現が使えること。

〈対策〉

> ・多くのトピックについて自分の主張，理由説明，結論といっ

> たパラグラフの流れで自分の考えを英語で書けること。
> ・副教材や定期テストを利用して，統計を使って自分の考えを述べることに慣れておくこと。

〈解答例　新潟県〉

Computers are very useful in our daily life for some reasons. For example, we can enjoy playing games with them. Also some people use them to exchange emails or write a report or a letter. I think that computers are very important tools in our daily life.

⑥　自分の考えを論理立てて説明して書くタイプの問題例

ア～オは文の数や語数に差はありますが，自分の考えを理由を含めて説明していくタイプの問題。カ～クはリーディング力を見ながら，書く力も試している問題です。これら8つの例は，本書で取り上げてきたパラグラフの形式を利用した取り組みを組み合わせていくと対応できるものばかりです。

> ア）次の石川県に関する意見に対して，あなたはどのように考えますか。あなたの考えを5文以上の英語で書きなさい。
> 【石川県】
>
> Ishikawa is a good place to live.

> イ）次の質問に対するあなたの答えを30語程度の英語で書け。ただし，符号（.,?!など）は語数に含めない。【福井県】
>
> What did you do during the winter vacation?
> （あなたは冬休みをどのように過ごしましたか）

ウ）もし，あなたが，ボランティア活動（volunteer work）をするとしたら，どのようなことをしたいと思いますか。あなたの考えとその理由を英文で書きなさい。英文はいくつでもかまいませんが，全体で20語以上になるように書きなさい。ただし，符号（, . ! ? など）は，語の数にいれないものとします。【宮崎県】

エ）英語の授業で，学校行事などの思い出について発表することになりました。「修学旅行」(school trip)，「学校祭」(school festival)，「部活動」(club activity)「その他」から1つ選び，《条件》に従って英語で書きなさい。【秋田県】

| 《条件》 | 次の英文に続けて，内容につながりのある英文を三文以上で書くこと。
I will tell you about the [　　　　　].
解答用紙（省略）の [　] に行事名などを英語で書くこと。「その他」を選んだ場合には，具体的な行事名などはローマ字で書いてもよい。 |

オ）英語の授業で，ALT の Molly は，自宅がある広大な敷地の様子を，次のA〜Cの写真を使って紹介しました。これを見て，問1，問2に答えなさい。（問1は省略）【埼玉県】

問2　Molly が紹介したA〜Cのうち，あなたが好きな場所を1つ選び，そこで，誰と，何をしたいのか，その理由を含めて，まとまった内容の文章を5文以上の英文で書きなさい。最初の文は「私は（場所の番号：A〜Cのうち1つ）が好きです。」という内容の英文で書き始めなさい。

なお，最初の文も5文に含めるものとします。

写真A．数十人がその下に入ることができる木々

〈資料〉入試対策——251

写真B．見わたす限り続く広い草原
写真C．多くの魚が泳ぐ穏やかできれいな川
他にMollyのイラストとMollyの自宅がある広大な敷地の写真

長文を読んで答える問題例

　宮城県と東京都はまずは長文を読んで，その内容を受けて，自分の立場で考えを英語で書く問題です。佐賀県の問題は長文の中に質問が埋め込まれている出題形式です。慣れていないと出題者の意図が読み取れず，何も書けないでおわってしまうおそれがあります。

> カ）次の英文は，和樹がニューヨークにホームステイしたときのことについて書かれたものです。この英文を読んで，あとの1～6の問いに答えなさい。（以下長文並びに1～5の質問は省略）【宮城県】
> 　あなたがホームステイするとしたら，ホストファミリーと暮らすうえで，どのようなことが大切だと思いますか。和樹の体験も参考にして，あなたがそう思う理由を含め，3文程度の英語で書きなさい。

> キ）次の文章は，英語の授業でMomoyoが写真を見せながら行ったスピーチの内容の一部です。（Momoyoは昨年撮った桃の木の写真を見せてスピーチをしていますが，ここでは省略）【東京都】
> （2）あなたも写真を見せながらスピーチをすることになりました。紹介したいものを1つとりあげ，そのことについて3つの英語の文で書きなさい。

> ク）次の英文中の下線部の問いに対する答えを，英語で自由に

書きなさい。ただし，単語は6語以上使用し，2文になってもかまいません。【佐賀県】

Scientists have invented many good things before. Such inventions have changed our lives a lot. Now, we can do many things which we couldn't do before. New inventions will change our lives much more in the future. <u>What can we do in 2050?</u>

（注）invent(ed)　発明する，考案する

〈求められているポイント〉

- まとまった内容で自分の考えを表現できること。
- 適切な理由や説明を加えて自分の主張をサポートできること。
- 自分の考えを既習の文法事項を用いて適切に表現できること。
- 基本的な語彙が身についていること。

〈対策〉

- 論理立てて自分の考えを表現するパラグラフの形を指導しておくこと。
- 普段の授業から単文ではなく，会話の流れや文章の流れを意識させる導入や言語活動をしていること。
- 書くこともコミュニケーションの一部だということを意識する上でも，独りよがりな自己表現を超えて，読み手を意識する場面設定の工夫を図る。

〈解答例〉

例ア）　① I agree that Ishikawa is a good place to live for two reasons. First, Ishikawa has lots of rich nature, so the air is clean and the food is delicious. Second, there are a lot of traditional culture. We can learn many things from them. That's why I like living in Ishikawa.

② I think that Ishikawa is a good place to live. There are many beautiful mountains and the air is fresh. They make us happy. The people in Ishikawa are kind. So I like living in Ishikawa.

例イ) ① I did a lot of things during the winter vacation. For example, I ate traditional food called osechi. It was delicious. I went to see a sunrise with my friends. I had a very good time.

② During the winter vacation, I visited my grandparents in Obama. I went to a shrine with them. I got an omikuji there. When I saw Daikichi on it, I was very happy.

例ウ) I'd like to look after old people in a home because I like talking with them. Their smiles make me happy.

例エ)

[修学旅行の場合]

①(I will tell you about our) school trip. We visited Aizuwakamatsu in Fukushima on our school trip. Aizuwakamatsu is famous for Byakkotai. We went to Nisshinkan and learned about their sad history. I learned many things there.

②(I will tell you about our) school trip. We visited Kyoto on our school trip. There were many famous places to visit. I took many pictures of Kinkakuji and Kiyomizudera with my friends. I really enjoyed sightseeing there.

[部活動の場合]

①(I will tell you about our) club activity. I was in the tennis club. I practiced very hard with my friends. When I won the tennis tournament, I was really happy.

②(I will tell you about our) club activity. I was a member of the volleyball club. I went to many schools to play volleyball on Saturdays. I learned the importance of friendship through volleyball.

例オ）

① I like A. I'd like to have a barbeque party with my friends there. It is a nice place to get together in summer. We can enjoy eating food and talking to each other under the tree. We will have a good time there.

② I like B. I like playing baseball with my friends there. It is the best place for playing baseball. We don't have to worry about other people. We can hit a home run. That will be fun.

③ I like C. I'd like to go fishing there with my father. He is good at fishing. I'm sure that I will have a good time with him. Also, it will be fun to swim there on hot summer days.

例カ）　I think that it is important to communicate with each other. I'd like to talk with my host family in English because they will want to know about me. That's why I study English very hard.

［別解］

　　I think that helping my host family is important because I want to be a member of the family. I will help them with cleaning. I will also cook Japanese food for them. They will be glad to be with me.

例キ）　① This is a picture of Shichigosan. When I was seven years old, I wore a kimono for the first time and visited shrine with my parents. I still remember that day.

② This is a picture of trees called Bonsai. My father often tells me how to grow them. Some day I'd like to look after my own Bonsai like him.

例ク) We will be able to talk with robots. They will help us in our daily life.

[別解] We will be able to travel around the world faster than now.

　ここまで6種類のライティング問題について紹介し，その出題のポイントと対策を説明し，模範解答も載せてみました。他の都道府県の問題からも多くのアイディアを日頃のライティング活動に活かせると思います。

☆問題に関しては旺文社版（2007）『2008年受験用全国高校入試問題正解英語』のものを使用したが，解説，解答例は，本書の著者の手によるものである

☆本章でとりあげた資料についてはELEC同友会ライティング部会の方々の分析や図を利用させていただきました。工藤洋路，木幡隆宏両氏にお礼申し上げます。

2　大学入試編

　大学入試でのライティング出題を分析したELEC同友会英語教育学会ライティング部会の資料（2006）によれば，2001-2005年の5年間出題された国公私立大学の561題のうち，

・Persuasive passage を要求するもの52.2%
・Narrative passage を要求するもの6.2%
・Descriptive passage を要求するもの9.6%

さらには

・Summaryを要求するものが10％

となっています。

　本書でのテクストタイプの分類に照らし合わせて考えるとき，注目すべきは，まとまった英文の産出を求める出題のうち，論証文（意見文・説得文）以外の出題が半分近くを占めているということです。テクストタイプにまたがる融合的な課題も増加している現状を踏まえると，「自由英作文」＝「自己表現」＝「意見文」という認識を新たにすることが入試対策の第一歩でしょう。

　近年の出題から以下6題を選び，
〈出題で求められているポイント〉
〈対策として留意すべき点〉
〈解答例〉
をあげていきます。

2-1　立命館大（02年）

　次の話題について60語以内で英文を書きなさい。（50語以上が望ましい）

　これまでの学校生活で最も印象に残る経験。

〈求められているポイント〉

- 出題比率こそ少ないのですが，narrative passage を書くことを求める出題です。
- 人称代名詞・指示語の使い方，基本時制の統一に加えて，時（days; time; period），場所（place; area），体験・記憶

(memory; experience; lesson), 考え・感情 (idea; excitement; impression; image) など一般名詞とその関連する動詞・形容詞が適切に使えるかどうかが語数を抑えるために重要です。

〈対策〉

- 英語Ⅰ, Ⅱの教科書で扱われる物語文・随想の要約。
- 中学校段階で行われることの多い，学校行事の感想をまとめるライティング活動を参考にして，より語彙選択の的確さ，表現の豊かさを心がけさせます。
- 印象に残った理由として，感情を表す語句の適切な用法に習熟させます。動詞と形容詞の混同を避ける。形容詞として用いられる -ing（現在分詞）と -ed/en（過去分詞）を的確に用いさせます。
- 類似の出題に，「これまであなたが出会ったなかで最も印象的な先生について，理由をあげながら，120語程度の英語で書きなさい」（静岡大・07年）というものがあります。この場合は，指定語数が長いことと，求められているテクストタイプが，説明文の要素が強くなるので注意が必要です。

〈解答例1〉

I still remember when I visited Hokkaido on a school trip. I worried about my future and couldn't enjoy the trip. However, on the last day there, I happened to look up at the sky. Its beauty cleared my mind and all my troubles seemed to go away. Thanks to the blue sky there, I have found my way forward. (59 words)

〈解答例2〉

When I look back at my high school life, the first thing that comes to my mind is the volleyball club. My teammates and I practiced from morning to night, spring to winter. Although my team was not so strong, we put all our passion into each practice and game. Remembering that still makes me feel excited. (57 words)

〈解答例3〉

My best memory about high school is of the inter-high school championships last summer. I was on the rowing team, and we went on to the finals. We were looking forward to the last race, but it was canceled because of the rough weather. I still wish the wind had not blown so hard for another three hours. (58 words)

2-2　旭川医大（07年）

Write an essay in English describing a setback, disappointment, or occasion of failure that you have experienced. How did you deal with the situation, and what did you learn from it?

〈求められているポイント〉

> 単に「挫折」「落胆」「失敗」のエピソードを時系列で書くだけではなく，対処・教訓までを求めているので，「挫折」なら「挫折」で首尾一貫して自分の体験を一般化・客観化して述べることが求められています。説明文＋語り文という理解で良いでしょう。教訓のまとめ方は本編，第4章の「ことわざ・慣用句」の指導例2-5（pp.169-180）を参照のこと。

〈対策〉

- 同様のテーマは頻出ですが，大学・学部により，指定語数の制限があります。少ないものでは約50-60語，多いものでは150-200語です。この例題も同じテーマで，さらに，少ない語数で，また多い語数で書くとすればどうなるか，を考えることで，構成・表現・論理ともに十分な対策を立てることができるでしょう。
- 論証文と異なり，トピックセンテンスが書ければ全体の構成が決まるという文章ではないので，実際の解答にあたっては，段落の基本時制の統一を心がけること，自分にしか分からないエピソードのみを示して，説明を欠いていないかを確認することが不可欠です。
- 解答例では150〜200語程度の文章なので複数段落構成の英文を示しました。100語に満たない場合でも，問題の指示に，"write an essay"と明言されているのであれば，複数段落での構成をとる方が安全でしょう。

〈解答例1〉

The experience I cannot forget was when I failed my high school entrance examination.

A couple of days before the exam for the school I wanted to get into, I had caught a cold and had such a high fever that I had difficulty preparing for the exam. On the exam morning, I forced myself to work on the tests, but I had to give up taking the rest of the subjects in the afternoon.

After that I was accepted into another high school and have been careful enough with my health as well as my studies. I have never missed a day at school for three years. The university entrance examinations are approaching and they remind me of this occasion of failure.

The lesson I have learned from my experience is that I have to be on my full guard even when the goal is just around the corner. (150 words)

〈解答例２〉

The biggest disappointment I have felt in my high school life is the lack of mathematics abilities within me.

I started to dislike math when I failed in the subject. I had almost given it up and I had convinced myself that I was more of a literature person.

To my surprise, however, I found out that I had to take math for the exam to the university I wished to enter. I went back to the basics in order to get over the desperate situation.

First, I went to ask my math teacher for advice. He told me that I needed to build a solid foundation to solve difficult problems. Thus I tackled the same basic problems over and over again until I really understood the theories underlying them.

Second I went to special morning lessons that my math teacher gave. In the lessons he would explain each problem in detail. After five months, I had started to feel a little more confident about solving the entrance exams. My scores have gradually become better as well.

Through this experience I have learned the essence of learning itself. I am really grateful to my math teacher for this awareness. (199 words)

2-3　九州大（06年）

<u>Based on your own experiences</u>, write an essay in English (about 100 words) to explain "Shogatsu"（正月）to foreigners who are not familiar with it.

〈求められているポイント〉

- 日本文化説明の典型的出題で，expository な性格が強い英文が求められています。
- 下線部で強調されているように，ただ単に，百科事典的な説明をしたのでは，出題の要求を満たさないので，個人の体験を踏まえた記述をすることが求められていることを強調しましょう。この部分に語り文の要素が含まれています。
- 構成・展開としては「一般論」としての日本の正月を述べ，その一般論と同様あるいは異なる自分の体験を述べることが妥当と思われます。
- 問題文にエッセイと書いてあります。エッセイ形式で書くことが求められています。

〈対策〉

- 日本文化紹介は頻出のテーマですから，論理展開としては「比較・対照」「定義」の手法に習熟しておくことが望まれます。本書本編の cubing の手法を復習することで，自分の得意な型を作ることが容易になるでしょう。
- 具体的な記述をまとめる，一般名詞の用法を普段のインプットで意識させたい。本編，第 4 章の，「年賀状」の指導例の Step 7 にある名詞のリストを参照のこと。
- 同様のテーマは大学入試だけでなく，高校入試でも頻出であ

> るので，まずは高校入試の出題での解答例をディクテーションさせることから導入することも考えられます。

〈解答例1（複数パラグラフの例）〉

　"Shogatsu," which literally means the first month of the year in Japan, is the period of the New Year celebration. It is also the biggest chance for a family reunion. The elderly are happy to see their children and grandchildren while young children look forward to an allowance from their parents and relatives.

　The "shogatsu" for my family is no exception. My family and relatives all get together at my grandparents'. We enjoy some kinds of special dishes prepared for the New Year. We pay a visit to a local shrine to pray for good luck and good health for the year. (106 words)

〈解答例2（一段落構成の例）〉

　Literally speaking, "Shogatsu" is the first month of the year, but usually it is used to refer to the New Year in Japan. A couple of days before and after the New Year's day are holidays in practice, so many people come back home to see family and relatives in order to celebrate the New Year. In recent years, however, more and more people have been going overseas for the New Year holidays. My family is small and we live only one block away from my grandmother, and so we pay an annual visit to Hawaii. (93 words)

2-4　広島大 (07年)

〔V〕　下の図は，海外を訪れる日本人旅行客数と，日本を訪れる外国人旅行客数の推移を示しています。その特徴について，100語程度の英語で書きなさい。コンマやピリオドは語数に含めません。解答欄の最初の（　　）に語数を記入しなさい。

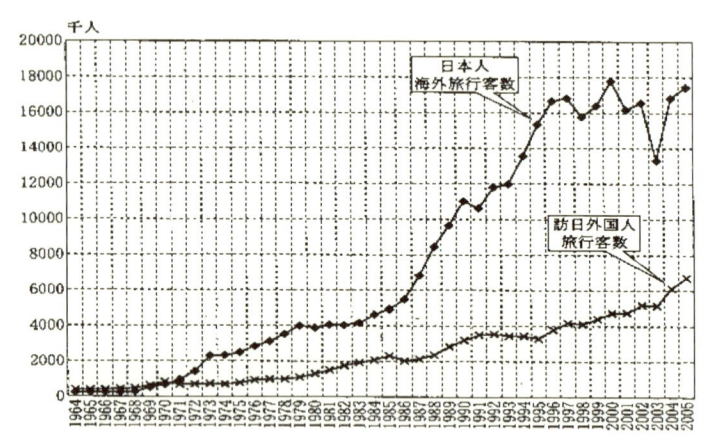

(資料)観光白書

〈求められているポイント〉

- 折れ線グラフを説明する説明文を書くことが求められています。
- 名詞の可算不可算も含め，数量表現，増減に関わる名詞・動詞の語法，比較の用法に習熟していることが求められています。
- あれもこれも書こうとすると，字数・時間共に足りなくなることが予想されるので，大きな数値の変化，割合・比率の変化または不変に着目して，情報を絞り込むことが肝要です。
- 増減などの変化の要因を推測して書くかどうかは出題の指示からだけでは明らかではないので，推測や可能性の示唆の場

〈対策〉

- 事実を説明する英文で，短くまとまっている説明文を繰り返し音読することが効果的でしょう。大学入試センター試験のグラフを扱った問題文などで，数量・増減・比率の定型表現に習熟しておくことが望まれます。ディクテーションや筆写・視写から取り組みを始めるのが良いでしょう。
- グラフの説明であっても，文章の主題を踏まえて，一貫性のある記述を心がけさせます。
- 「イカソーメン」のように完成した英文を，1文ずつにバラバラにして，整序完成を求めることで，英文の構成を確認させることも有効です。
- 類似のテクストタイプの英文を書かせる出題は，お茶の水女子大や奈良女子大の和文英訳などにも見られるので参考までに。

〈解答例1（変化の意味づけを行わない例）〉

The chart shows highs and lows in the number of Japanese people going abroad and the number of foreign visitors to Japan since 1964. During the 60s, both numbers were almost the same, but in the early 70s, the number of Japanese tourists overseas started to outgrow that of foreign visitors. The gap between them got wider in the late 80s and early 90s. In the last ten years, however, the number of people going abroad saw sharp declines in 1998, 2001 and 2003. On the other hand, the number of foreign visitors to Japan has shown a slight but steady increase since the 1980s. (105 words)

〈解答例2 (変化の意味づけを行う例)〉

The number of Japanese people visiting overseas has grown 9 times greater in the last 30 years. There were fewer than 2000 Japanese going overseas every year before 1970. The number started to rise dramatically in the late 1980s, boosted by the "bubble" economy. There was a sudden drop in 2003, which must be due to the outbreak of war in Iraq and the epidemics of SARS in Asia. On the other hand, the number of foreigners visiting Japan has increased gradually. In 2005, the number of people visiting overseas is about 3 times greater than the people coming to visit Japan. (102 words)

2-5 早稲田大・国際教養 (06年)

WRITING SECTION

Write your answer in English within the box provided on the ANSWER SHEET.

In recent years the Japanese Ministry of Education, Culture, Sports, Science, and Technology (MEXT) has been encouraging public elementary schools to provide English conversation lessons during the periods devoted to General Studies. This has led to widespread discussion concerning whether English should be made a compulsory subject at the elementary level.

What is YOUR opinion?

- Do you think that English should be made a compulsory subject from the first grade of elementary school in Japan?
- Or, do you think that English should not be taught in elementary school at all?

・Or, is your opinion somewhere between these two extremes?

Write a paragraph defending ONE of these three positions, giving at least one appropriate reason to support your opinion.

〈求められているポイント〉

> ・論証文であり，〈自分の意見の表明→その理由説明・支持〉という構成が必須となります。
> ・プロンプトでの指示を正確に読み取ります。与えられた条件は「小学校１年から必修教科として英語を教える」案に対する意見表明であることに注意します。
> ・１パラグラフでの解答を求めているので，100語を超えないよう，繰り返しや冗長な表現を避けることが望まれます。解答例では，約80語の英文を中心に示しました。

〈対策〉

> ・類似の出題も多いのですが，時代背景を考慮すると，論証文の構成に則った練習を，60語，120語，200語など異なる字数で行うための練習問題と捉えておくことが望まれます。
> ・この出題のように立場の異なる課題設定がなされている問題では，教師が一方の立場の解答例を示しておき，生徒には反対の立場の英文を考えさせるといった指導も有効です。
> ・理由の説明の部分に主観的形容やさらなる意見を書くことのないように指導することが肝要です。
> ・理由付けを複数行う場合に，also; moreover の用法に誤りがないように指導します。
> ・結論を導く際に，いきなり結論を書くのではなく，適切なつなぎ語を用いる練習をします。
> ・語数が多く与えられている場合に，同じ表現の繰り返しとな

らないように，語彙・表現の言い換えを練習しておくことが望まれます。

〈解答例1 （積極的賛成論）〉

I strongly believe that English should be taught as a compulsory subject from the first grade in elementary school in Japan. English teaching in Japan has not produced any good effects so far, so we have to take some drastic measures to improve our English. If we start teaching children English, we have to make a good start. To do so, we should start it for every student from the very beginning of their school life. (76 words)

〈解答例2 （反対論）〉

I oppose the opinion that English should be taught in elementary school in Japan. Japanese schools should put the top priority on teaching their first language and learning in their first language because children at that age have not yet learned to write Chinese characters or have not used Japanese correctly enough. Therefore, learning two languages at the same time will be done by half measures. Studying English in elementary school as a compulsory subject will do more harm than good. (81 words)

〈解答例3 （両者の中間論）〉

I agree that it would be better if we teach English at elementary school. There is no room to study English as a compulsory subject, however, in the earlier grades. In elementary school, there are problems such as the decline in the academic ability and bullying. So the general public wants schools to emphasize basic subjects, like math, Japanese, and morality. I propose that learning English as a compulsory subject can wait until students are in the 5th or 6th grade. (81 words)

〈解答例 4 （両者の中間論）〉

I would say that my idea is in the middle of the two extreme ideas concerning English education in elementary school. I think schools should start teaching English in the fourth grade. I think it is an appropriate time because fourth-graders have learnt the basics of Japanese and thus there is less worry that they would mix up the two languages. They shouldn't wait until the students enter junior high school because that is the time when other subjects start to become complicated. In order to prevent students from failing, they should have more time in the earlier stage of learning. (101 words)

2-6　慶應大・看護医療（07年）

I come from a small town in Canada. I loved living and growing up there. There was a post office, a general store that stocked just about everything, and a small grocery store. Everything my family and I needed was close at hand. The town was surrounded by the fields and forests that my friends and I explored on long summer afternoons. It was great.

Now I live in Tokyo and I can't imagine not living in a big city: the bookstores, the theaters, the music, and the general convenience of everything. I have come to like the freedom trains and subways give me. I enjoy watching people hurrying along as I sit and sip a coffee in a sidewalk café.

Maybe you have to be from the country to really learn to

love city life.

●設問

In an English essay of 100 to 150 words, answer the question below.

"Which do you prefer — living in the city or in the country?"

〈求められているポイント〉

> 二つの価値観のうち一つを選び,自分の意見を述べるもの。基本は論証文と考えてよいでしょう。
>
> 資料として与えられている英文には,living in the country と living in a big city の両方のエピソードが記されているので,具体的事例の参考としても良いのですが,そのまま引き写すことは避けて,自分の体験を踏まえて書く材料を選ぶことが望まれます。
>
> アイディアジェネレーションの段階で living in the country のメリット,デメリット,living in a big city のメリット,デメリットを考え,どちらかを選び出し,選んだ立場で首尾一貫した英文を書くことが肝要です。比較の観点で,city life と country life の両方に言及する際には,どちらに焦点が当たっている文であるのかを忘れないようにすることが求められます。
>
> 解答の語数が100-150語与えられているので,序論(主張)+本論(具体的理由付け)+結論(再主張)とエッセイ形式で書くのが良いでしょう。

〈対策〉

> 意見の分かれるディベート的な題材を用いて,双方の立場で立論の練習をすることが効果的な対策となります。

〈解答例１〉

 I prefer living in the city for these three reasons.

 First, the city is a very convenient place to live in. You can move around the city with trains and buses from early morning to midnight. In case of medical emergencies, there are many big hospitals that are available 24 hours a day, 365 days a year.

 The second reason is that there are a large variety of opportunities in the city because most of the largest companies in the country have their offices in the city.

 Third, I think it is an exciting place to live in because there are always new and stimulating things in the city. I know that I'll never be bored.

 This is why I find living in the city more attractive, compared to living in the country. (133 words)

〈解答例２〉

 I was born and grew up in a small town in Hokkaido, and I moved to Tokyo, the biggest city in Japan. Judging from my experiences in both environments, I should say that I prefer country life that would nurture the human relationships.

 Social exchanges in a local community mean more in the country life and this would help grow richer human ties among people living there. You would hardly experience this richness in a big city.

 Indeed, there are fewer convenience stores or department stores in the country, but thanks to the Internet, I can buy practically everything that I could buy in a big city. It is not that inconvenient living in the country.

 Considering all the factors mentioned above, I would choose

to live in the country and share the life with the people there.
(138 words)

参考文献

Bain, A. (1890). *English composition and rhetoric*. (American edition). New York: D. Appleton & Co.

Bereiter, C. & Scardamalia, M. (1987). *The psychology of written composition*. Hillsdale, NJ: L. Erlbaum.

Blanchard, K. & Root, C. (1997) *Ready to Write*. White Plains, NY: Addison Wesley Longman.

Bloom, B. S. (1956). *Taxonomy of educational objectives*. New York: Longmans.

Cook, V. (2001). *Second language learning and language teaching*. New York.: Arnold.

Corder, P. (1967). The significance of learners' errors. *IRAL*. 5: 161-170.

Cummins, J. (1980). Cross-linguistic dimensions of language proficiency: Implication for bilingual education and the optimal age issue. *TESOL Quarterly*. 14:81-103.

Ferris, D. & Hedgcock, J. S. (1998). *Teaching ESL composition: Purpose, process, and practice*. Mahwah, NJ: Lawrence Erlbaum Associates.

Flower, L. S. & Hayes, J. R. (1980). Identifying the organization of writing process. In L. W. Gregg & E. R. Steinberg (Eds.), *Cognitive processes in writing*. Mahwah, NJ: Lawrence Erlbaum Associates, Publishers.

Flower, L. S. & J. Hayes, J. R. (1981). A cognitive process theory of writing. *College Composition and Communication*. 32: 365-87.

Grabe, W. & Kaplan, R. B. (1996). *Theory & practice of writing*. New York: Addison Wesley Longman.

Halliday, M. A. K. & Hasan, R. (1976). *Cohesion in English*. London: Longman.

Hayes, J. (1996). A new framework for understanding cognition and affect in writing. In M. Levy & S. Ransdell (Eds.), *The science of writing* (pp.1-27). Mahwah, NJ: Lawrence Erlbaum Associates.

Hayes, J. R. & Flower, L. S. (1983). Uncovering cognitive process in writing: An introduction to protocol analysis. In P. Mosenthal, L. Tamor, & S. Walmsley (Eds.), *Research in writing: Principles and methods* (pp.206-219). London and New York: Longman.

Hinds, J. (1987). Reader vs. writer responsibility: a new typology. In U. Connor and R. B. Kaplan (Eds.), *Writing across languages: Analysis of L2 text* (pp.11-152). Reading, MA: Addison-Wesley.

Hughey, J., Wormuth, D., Hartfiel, V., & Jacobs, H. (1983). *Teaching ESL composition*. Cambridge, MA: Newbury House Publishers.

Kaplan, R. (1966). Cultural thought patterns in inter-cultural education. *Language Learning*. 16(1): 1-20.

Oi, K. (1999). Comparison of argumentative styles: Japanese college students vs. American college students; An analysis of the Toulmin Model. *JACET BULLETIN*. 30: 85-102.

Raimes, A. (1983). *Techniques in teaching writing*. New York: Oxford University Press.

Sebranek, P., Kemper, D., & Meyer, V. (1999). *Write source*. Wilmington, MA: Great Source Education Group.

Selinker, L. (1972). Interlanguage. *IRAL*. 10: 209-31.

Swain, M. (1995). Three functions of output in second language learning. In G. Cook and B. Seidlhofer (Eds.). *Principle and practice in applied linguistics*. Oxford: Oxford University Press.

Swain, M. (1998). Focus on form through conscious reflection. In C. Doughty & J. Williams (Eds.), *Focus on form in classroom second language acquisition*. New York: Cambridge University Press.

Swain, M. & Lapkin, S. (1995). Problems in output and the cognitive processes they generate: A step towards second language learning. *Applied Linguistics*. 16(3): 371-391.

Waters, A. (2006). Thinking and language learning. *ELT Journal*. 60(4): 319-327.

Widdowson, H. G. (1983). *Learning purpose and language use*. Oxford: Oxford University Press

Woodson, L. (1979). *A handbook of modern rhetorical terms*. Urbana, IL: National Council of Teachers of English.

ELEC同友会英語教育学会ライティング研究部会．(2006)．『ELEC同友会英語教育学会研究大会要綱』．

ELEC同友会英語教育学会．(2005)．「中学校からもっとライティングを！点と線につなげていくアプローチ」．第11回研究大会ライティング部会研究発表当日資料．

大井恭子．(2001)．『英語モードでライティング』．講談社インターナショナル．

大井恭子．(2004)．「ライティング」『第二言語習得研究の現在』小池生夫，木下耕児，成田真澄，寺内正典（編著）．大修館書店．

大井恭子．(2005)．「書く活動とは」『PCOLA（デジタル版英語科教育授業実践資料集）』和田稔（監修），理論編（pp.134-140）．ニチブン．

大井恭子．(2008)．「英語ライティングを通じて，思考力，論述力を身につけよう」『英語教育』Vol.57，4月号（pp.21-23）．大修館書店．

大井恭子・田畑光義．(2006)．「中学生writing指導におけるFeedbackの効果」*KATE Bulletin*（『関東甲信越英語教育学会紀要』）Vol.2，13-24．

スウェイルズ＆フィーク／御手洗靖訳．(1998)．『効果的な英語論文を書く：その内容と表現』．大修館書店．

田畑光義．(2004)．「中学校における文章構成を意識したまとまった文章を書く活動の研究」．『第30回全国英語教育学会長野研究大会発表要綱』．68-71．

橋内武．(1995)．『パラグラフ・ライティング入門』．研究社出版．

松井孝志．(2006)．「これでいいのかライティング問題——高校の立場から」『英語青年』4月号（pp.10-12）．研究社出版．

「全国大学入試データベースXam英語2000-2005」．ジェイシー教育研究所．

旺文社版（2007）．『2008年受験用全国高校入試問題正解英語』．

■編著者紹介

大井恭子（おおい　きょうこ）

東京大学文学部英語英米文学科卒業。ニューヨーク州立大学ストーニー・ブルック校大学院言語学科博士課程修了。文学博士（応用言語学・英語教授法）。現在，清泉女子大学文学部英語英文学科教授。主な著書に『「英語モード」でライティング』（講談社インターナショナル），『英語論文・レポートの書き方』（研究社出版，共著），『英語で書くコツ教えます』（桐原書店，共著），『クリティカル・シンキングと教育』（世界思想社，共著）がある。
[執筆分担　第1／2／3／5／6章]

■著者紹介

田畑光義（たばた　みつよし）

千葉大学大学院教育学研究科英語教育専攻修了。現在，千葉県内の公立中学校に勤務。主な論文に大井恭子・田畑光義（2006）「中学生 writing 指導における Feedback の効果」*KATE Bulletin*（関東甲信越英語教育学会紀要）がある。
[執筆分担　第4章中学校編／第5章／〈資料〉高校入試編]

松井孝志（まつい　たかし）

東京外国語大学外国語学部卒業。都立高校教諭，都内私立高校教諭を経て，現在，山口県鴻城高等学校教諭。共著に『学習英文法を見直したい』（研究社，2012）がある。
[執筆分担　第4章高等学校編／〈資料〉大学入試編]

英語教育21世紀叢書
パラグラフ・ライティング指導入門
――中高での効果的なライティング指導のために
ⒸOI Kyoko, TABATA Mitsuyoshi, MATSUI Takashi, 2008

NDC 375／x, 276p／19cm

初版第1刷──2008年8月20日
第5刷──2016年9月1日

編著者────大井恭子
著者─────田畑光義／松井孝志
発行者────鈴木一行
発行所────株式会社大修館書店
〒113-8541　東京都文京区湯島2-1-1
電話03-3868-2651　販売部／03-3868-2294　編集部
振替00190-7-40504
［出版情報］http://www.taishukan.co.jp

装丁者────中村愼太郎
印刷所────文唱堂印刷
製本所────難波製本

ISBN978-4-469-24536-3　Printed in Japan
Ⓡ 本書のコピー，スキャン，デジタル化等の無断複製は著作権法上での例外を除き禁じられています。本書を代行業者等の第三者に依頼してスキャンやデジタル化することは，たとえ個人や家庭内での利用であっても著作権法上認められておりません。

論理的な英語が書ける本
How to Become a Skillful Writer in English

英語で文章を書くためのノウハウがぎっしり！

崎村耕二［著］
［英語校閲］Roger Charles Nunn

英文法と和文英訳だけでは、まとまった英語は書けない。本書は、センテンスからトピック文、そしてパラグラフへと至る道を、一歩一歩丁寧に解説する。ビジネス文書、メール、英文エッセイなどあらゆる場面に対応。今すぐ英文を書かなくてはならない時に必ず役立つ一冊。

【主要目次】センテンスを書く／パラグラフを整理する／展開する／効果的に表現する／文書を作成する／書いてみよう／付録：ライティングに使える英語表現集

◆A5判・314頁　定価＝本体2,400円＋税

大修館書店　　書店にない場合やお急ぎの方は、直接ご注文ください。☎03-3868-2651

総合コミュニケーション英語文法

岸野英治［著］

英語を「話し」「書く」観点から編まれた、コミュニケーションのための英文法書。人間の多様な発想を類型化し、それらが英語でどのように表現されるかを体系的に示している。要を得て簡潔な解説、詳しいNOTEに加え、日常的な場面を表した豊富な例文により、参考書としてはもちろん文例集としても使える。

●A5判・498頁　定価＝本体3,600円＋税

【目次】
1章 現在の表し方／2章 過去の表し方／3章 未来の表し方／4章 仮定・条件の表し方／5章 使役の表し方／6章 命令・指示の表し方／7章 許可・禁止の表し方／8章 依頼・勧誘の表し方／9章 提案・申し出の表し方／10章 意志・意図・決意の表し方／11章 推量・可能性の表し方／12章 原因・理由の表し方／13章 目的・結果の表し方／14章 対称・譲歩・様態の表し方／15章 比較の表し方／16章 強調の表し方／17章 欲求・願望の表し方／18章 受身の表し方／19章 文と文のつなぎ方(1)／20章 文と文のつなぎ方(2)／21章 文と文のつなぎ方(3)／22章 文のちぢめ方／23章 否定の表し方／24章 疑問の表し方／25章 感情の表し方

待望の「発信型」総合英文法書、誕生!!

大修館書店　　書店にない場合やお急ぎの方は、直接ご注文ください。☎03-3868-2651